내일의 섹스는
다시
좋아질 것이다

TOMORROW SEX WILL BE GOOD AGAIN

Copyright © Katherine Angel 2021

.

내일의 섹스는
다시
좋아질 것이다

Tomorrow
Sex
Will
Be
Good
Again

여성의
욕망에는

'동의'
이상의 것이
필요하다

캐서린 앤젤 지음
조고은 옮김

중앙books

앨리, 캐시, 미치, 사샤에게 바친다

나는 어느 여성에게도
마치 선택지라고는 승리와 패배밖에 없다는 듯이
자기 안의 악마를 제압하거나
악마에게 굴복하라고 제시하는 것은
도움이 되지 않는다고 생각한다.

– 재클린 로즈, '마릴린 먼로를 기리며', 《암흑시대의 여자들》

목차

7

동의에 대하여

2010년대 초의 어느 날, 포르노 배우 제임스 딘James Deen[1]은 '여자 엑스Girl X'라는 닉네임의 팬과 함께 영화를 찍었다. 그는 이따금씩 이런 일을 하곤 했다. 그와 섹스하고 싶다고 편지를 보낸 팬을 초대하거나 자신이 '제임스 딘과 함께하는 영화 촬영'이라고 공지를 올린 뒤, 촬영 결과물을 자신의 웹사이트에 올리는 것이다. 온 미디어가 하비 와인스타인Harvey Weinstein을 비롯한 여러 사람의 성폭력 및 성희롱에 대한 논의로 뒤덮이기 불과 몇 달 전, 그리고 딘 자신도 다수의 성폭력으로 고소당하기(하지만 기소되지는 않았다) 2년 전인 2017년 4월에 진행한 한 인터뷰에서 그는 이렇게 말했다.

"저는 '제임스 딘과 함께하는 영화 촬영' 콘테스트를 개최합니다. 여기에 여성들이 지원서를 넣으면, 매우 오랜 시간 대화를 나누고 몇 달에 걸쳐 제가 이런 얘기를 하죠. *사람들이 이걸 다 알게 될 거예요. 또 이것은 당신의 미래에 영향을 미치게 될 거고요. 그러니까 근본적으로 하지 말라*

1   편집자 주: 우리가 익히 아는 영화배우 제임스 딘James Dean의 이름에서 예명을 따왔다.

고 그 사람들을 말리는 셈이에요. 그렇게 한 뒤에야 촬영합니다."

'여자 엑스 엿보기'는 실제로 섹스 장면을 포함하고 있다. 그것은 대부분 길고 유혹적이며 아슬아슬한 대화로, 이것을 할지 말지에 대한 이야기로 몇 번이고 계속 되돌아간다. 섹스를 하고, 그 장면을 찍어 온라인에 올리는 것 말이다. 여자 엑스는 망설인다. 그는 장난기를 보였다 움츠러들기를 반복한다. 그녀는 과감했다가 다시 고뇌에 빠진다. 그녀는 앞으로 기울었다 다시 멈춰 선다. 그녀는 갈팡질팡하고 스스로를 돌아보며 자신에게 질문을 던진다. 그녀는 자신의 딜레마에 대해 중얼거리며 고민한다. 그리고 딘은 그 고민을 따라간다.

그 여성은 아마도 '제임스 딘과 함께하는 영화 촬영'을 하고 싶었겠지만, 막상 딘이 기회를 주자 그녀는 어쩐지 용기가 꺾이는 듯하다. 그녀는 검은 라텍스 레깅스에 단추와 까만 장식이 달린 크림색 실크 블라우스를 입고 아파트로 걸어 들어온다. 우리의 시선은 그 여성을 찍고 있는 카메라 뒤의 딘의 시선을 따라간다. 여성은 격앙되어 조급하게 서성거리며, '세상에, 세상에'라고 되뇐다. 우리는 그 공간을 얼핏 볼 수 있다. 반짝이는 표면과 밝은색 목재로 꾸며진 대체로 익명적인 공간이다. 그리고 딘이 카메라를 내려놓을 때 그의 모습도 살짝 볼 수 있다. 해어진 청바지에 큰 흰색 운동화를 신었다. 그는 이따금 카메라를 여성의 얼굴 쪽으로 향하고, 여성은 얼굴을 돌린다. 매끄러운 아일랜드 식탁이 가운데 놓인 부엌과 진한 붉은색 벽에 밝은 흰색 몰딩을 두른 복도를 오락가락하면서, 딘은 여성에게 장난을 친다. "너는 대학 다니잖아. 엄청 똑똑하고 그럴 텐데." 그는 여성에게 뭐라고 불러야 하냐고 묻는다. 여성은 대답하지 않는다. 그는 말한다. "음, 그럼 네가 예명 정할 때까지 여자 엑스라고 부를게."

여성은 주눅 들고 긴장한 채로 물러섰다 다가간다. "널 똑바로 쳐다보지도 못하겠어." 여성은 반짝이는 크롬 테이블 앞에 놓인 흰색 벤치에 앉아 있다. 그들은 계약에 대해 상의한다. 영상이 흐려지고 우리는 세부사항에 대해서는 정확히 알 수 없다. 다시 영상이 선명해지면서 여성이 셀카를 찍는다. 그녀는 막 서명을 하려다 멈칫하고는 말한다. "내가 지금 무슨 짓을 하는 거지? 젠장 내가 지금 무슨 미친 짓거리를 하는 걸까?" 딘은 여성에게 어떤 상황에서든 그만둘 수 있다고 말한다. 계약서를 찢어버리면 그만이다. 화면이 몇 번 더 흐려졌다 돌아온다. 여성의 서명이 보인다. 딘이 말한다. "그냥 여자 엑스로 할 거 아니면 나중에 예명도 정하자." 여자는 주저하며 말끝을 흐린다. "잘 생각이 안 나. 이름을 뭘로 해야 할지 모르겠는데, 생전 처음 해보는 거라."

여자 엑스의 긴장은 딘을 돋보이게 하는 역할을 한다. 이것은 여성이 이 어마어마하고 믿기 힘든 스타를 앞에 두고 느끼는 경외심의 표시다. 그러나 이것은 여성이 우려할 수 있는 모든 반향을 미연에 방지하는 역할을 하기도 한다. 딘이나 그 외 다른 사람들이 자신을 노출증이나, 혹은 일부러 문제를 찾아다니는 사람이라고 생각하지 않게 막는 것이다. 그녀는 스스로 자신을 드러낼 준비를 하고 있다.

여자 엑스는 다른 사람들의 굶주린 시선을 겨냥한 모종의 일을 하고 있다. 관객을 흥분시키고 만족시키리라고 상상되는 어떤 일 말이다. 거기엔 아마도 자기 마음속에 있는 사람, 자신이 딘과 섹스하는 모습을 보길 바라는 사람도 포함되어 있을 것이다. 그러나 여성이 '내가 지금 무슨 짓을 하는 거지? 젠장 내가 지금 무슨 미친 짓거리를 하는 걸까?'라고 물을 때, 나는 그녀가 다른 유형의 관객—엄격한 사람, 검열적인 사람—의 시선도 상상하고 있다고 느꼈다. 그녀를 부추기는 쪽과 훈계하는 쪽의 관객 모두가 여성 엑스 안에 내면화되어 있을 가능성이 크다. 그러한 두 가지 관중, 우리가 만족시키려 하는 관중과 비난이나 보복을 당하지 않을까 두려워하는 관중 모두가 여성 안에 내재되어 있는 경우가 많기 때문이다. 여자 엑스는 머릿속으로 관객들을, 그리고 그 광경이 지닌 힘 자체를 계산하고 있다.

그녀는 충동적으로 쾌락을 추구하는 사람이다. 또한 그녀는 소외되어 있고, 자의식이 강하며, 억제되어 있다. 그녀는 과감하게 나아가다가, 자신과 딘 사이의 힘의 불균형을 선명히 인식하기를 반복한다. 여성은 그들이 감수해야 하는 위험부담이 훨씬 큰 상태에서, 좀처럼 꿰뚫어보기 어려운 여성 자신의 욕망을 추구하기 위해 결정을 내린다.

　이렇게 분열적으로 동요하고 장비와 조건을 계속 바꾸는 이유는, 다름 아닌 여성의 섹슈얼리티와 인격에 대한 '징벌적 관념' 때문이다. 여자 엑스는 많은 여성이 처음으로 남성과 잠자리를 할 때, 혹은 자신의 욕망을 발견하는 순간에 스스로에게 물을 법한 질문, 나 역시 분명 나 자신에게 던진 적 있는 질문과 씨름하고 있다. 나는 위험에 처하게 될까? 나 자신을 드러내기로 한 순간 내 사생활과 존엄성은 포기하게 되는 것일까? 내 행동이 평생 나를 쫓아다니며 괴롭힐까? 내가 원치 않는 타인의 욕망을 거부할 수 있을까? 내가 '좋다yes'고 말하면서 '싫다no'고 말할 수 있는 능력을 차단해버린 것은 아닐까?

　여자 엑스가 "나는 너와 섹스하고 싶지만 그것을 온 세상에 보여주고 싶은지는 모르겠다"고 말하며 자신의 양가감정을 표현할 때, 딘은 그 말을 받아들이며 말한다. "헤픈 여자라고 비난받고 싶지 않으니까." 여성은 남자 목소리를 흉내 내며 말을 잇는다. "이런 식이야. '네가 그 남자랑 자는 거 다 봤어. 근데 왜 나랑은 섹스해주지 않는 거지?'" 이는 전혀 허무맹랑한 생각이 아니다. 2018년 북아일랜드에서 열린 '럭비 강간 재판'에서 피고인 중 한 명은, 두 남성이 피해자에게 성행위를 하고 있던 방에 들어갔다. 피해자가 싫다고 하자 그는 다음과 같이 반응했다고 한다. "여기에 있는 애들

하고 다 했으면서, 왜 나랑은 안 해주는 건데?"

여성의 (추정된) 욕망은, 설령 단 한 번이라도, 한 남성을 향한 것이라 해도, 그녀를 취약하게 만든다. 자신의 욕망으로 인해 그녀는 보호받을 자격, 정의의 대상이 될 자격을 상실한다. 일단 여성이 무언가를 승낙했다고 여겨지면, 그다음부터는 어떤 것도 거부할 수 없다.

여자 엑스와 제임스 딘의 영화에는 웃음, 기쁨, 쾌락의 순간이 많이 담겨 있다. 매력적인 장면들이다. 유머와 장난기가 있고, 짓궂은 순간도 있다. 여자 엑스와 딘은 정말로 서로를 좋아하는 것처럼 보인다. 둘 사이에는 짜릿한 상호작용이 있다. 그리고 여성은 그를 더 이상 경외하지 않고, 가시 돋친 듯 대한다. 그녀는 빈정대며, 매섭다. 하지만 어색함도 느껴진다. 시간의 흐름에 맞지 않는 움직임도 있다. 밀고 나가야 할지 몸을 사려야 할지에 대한 여성의 상반된 감정과 남성의 불확실함이 느껴진다.

결국 그들은 장애물을 넘어선다. 그들은 경계를 뛰어넘어, 섹스를 한다. 때때로 그들은 시끄럽지만 정적이 이어지기도 한다. 그리고 행동을 멈추기도 한다. 때때로 여자는 한숨을 쉬고, 둘이 같이 웃기도 하고, 잡담을 하기도 한다. 외부에서 파악할 수 있는 한에서(물론 실제로는 그렇지 않지만) 그 섹스는 상당히 양호하고, 재미있으며, 즐거워 보인다. 그들은 잠시 말없이 미소를 띠고 앉아 있다가 발코니로 나가 담배를 피우기로 한다. 딘이 "카메라 끌까?" 하고 묻는다.

"그래"라고 여성이 답하자, 그가 "알았어"라고 말한다. 여성은 옷을 입기 시작한다. "카메라 끕니다"라고 그가 말한다. "카메라 끕니다"라고 여성도 말한다. 남자는 카메라 쪽으로, 우리 쪽으로, 관객 쪽으로 걸어온다. 그는 말한다. "카메라 꺼질 거예요."

※　※　※

이다음에 무슨 일이 벌어졌는지 우리는 아마 전혀 알 수 없을 것이다. 촬영 사이사이 휴식 시간에 무슨 일이 있었는지, 편집되어 잘린 부분은 무엇인지, 우리가 엿듣지 못한 대화는 무엇인지, 우리가 보지 못한 섹스는 무엇인지 알 수 없다. 우리는 여자 엑스가 딘을 어떤 혐의로 고소를 했는지, 그날 그녀를 불편하게 만들고, 그로 인해 슬픔이나 분노에 빠지게 한 일이 있었는지, 결코 알지 못할 것이다.

　나는 여자 엑스의 이야기를 모른다. 그러나 나는 영상에서 온몸이 사방으로 잡아당겨지는 듯한, 고통스러우면서도 익숙한 경험을 본다. 그것은 욕망과 위험 사이에서 균형을 잡아야만 하고, 쾌락을 추구할 때 너무 많은 점을 주의해야 하는 경험이다. 여성들은 자신의 성적 욕망으로 인해 마땅히 받아야 할 보호가 사라질 수 있으며, 그것이 자신이 겪은 폭력이 사실은 폭력이 아니었다(그녀도 원했다)는 증거로 제기될 수 있다는 사실을 알고 있다. 따라서 여자 엑스는 자신의 행동이 그저 욕망의 표현일 뿐 아니라, 그것이 충족되는 조건에 따라 가능해지기도 하고 금지되기도 하는 욕망의 존재 방식 자체라는 사실을 보여준다. 우리가 원하는 것이 우리에게 요구되는 것인 동시에 처벌의 원천이기도 하다는 사실을 알고 있다면, 우리 자신이 무엇을 원하는지 어떻게 알 수 있을까? 여자 엑스가 뒤섞인 온갖 감정에 휩싸여 마음을 정하지 못하고 굳어버리는 것은 당연하다.

제임스 딘은 여자 엑스가 섹스에 대해 떠안는 침울한 무게를 전혀 이해하지 못한다. 그는 그럴 필요가 없다. 그러나 여자 엑스는 불가능한 요구를 받으며 자라왔다. 그녀는 여성으로 존재할 때 받아야 하는 이중의 속박 속에서, 즉 '싫다'고 말하기도 어렵지만, '좋다'고 말하기도 어려운 처지로 살고 있다.

✄　✄　✄

2017년 하비 와인스타인에 대한 폭로가 이어지면서 그 댐은 무너졌다. 그 뒤로 '#MeToo 해시태그'가 소셜 미디어에 퍼져나갔다. #MeToo 해시태그는 2006년 타라나 버크Tarana Burke가 젊은 유색인종 여성에게 가해지는 성폭력을 가시화하기 위해 처음 만들어낸 슬로건이다. 이 해시태그에 힘입어 여성들은 다시금 자신이 겪은 성폭력에 대한 이야기를 꺼냈다. 다음 달에 언론은 주로 직장 내 권력 남용에 대해 광범위하게 다루었다. 그리고 이러한 환경에서 자신의 경험을 털어놓는 행위는 그 자체로 자명하며 필요선善인 일이라고 여겨졌다.

나는 그런 보도가 반가웠지만 동시에 두려웠다. 가차 없이 이어지는 섬뜩한 이야기의 행진을 멈추기 위해 이따금 벌떡 일어나 라디오를 꺼야 했다. #MeToo가 한창일 때, 때때로 우리 여성들은 자신의 이야기를 반드시 꺼내야 한다고 느꼈다. 당사자가 직접 나서서 밝힌 일화뿐 아니라 페이스북이든 트위터든, 온라인에 쌓인 이야기들은 압박과 기대를 불러일으켰다. 당신은 언제 입을 열 것입니까?

이러한 이야기에 대한 집단적인 욕구, 걱정과 분노의 언어로 나타나는 욕구, 진실을 말하는 것은 페미니즘의 근본적이고 공리적인 가치라는 믿음에 말끔하게 맞아떨어지는 이 욕구는 모른 척하기가 어려울 정도였다. #MeToo는 여성의 말에 가치를 부여했을 뿐 아니라 말을 의무화하는 위험까지 감수했다. 즉, 자기 실현self-realisation이라는 페미니즘적 힘, 수치심을 거부하겠다는 결단, 모욕에 맞서 말하는 힘을 드러내는 것이 의무가 되었다. 그것은 또한 학대와 굴욕을 겪는 여성의 서사에 대한 음란한 갈망을 충족시킨다. 물론 매우 선별적이었다 해도 말이다.

우리는 언제 여성에게 말하라고 요청하며, 그 이유는 무엇인가? 이 말은 누구에게 기여하는가? 말해달라는 요청을 제일 먼저 받는 사람은 누구이며, 누구의 목소리를 경청하게 되는가? 성폭력에 대한 폭로라면 모든 여성이 강력한 저항에 부딪히게 되는 경향이 있다. 하지만 온 가족이 매달려 음악가이자 성학대자인 알 켈리에 대한 정의를 수십 년간 촉구해 온 어린 흑인 여성들의 주장보다 #MeToo 시기에 부유한 백인 여성들의 주장에 더 특권이 부여되었다. 연구에 따르면 흑인 여성이 성폭력 범죄를 신고한 경우에는 백인 여성이 신고했을 때보다 신뢰를 받지 못할 가능성이 높으며 (흑인 소녀는 백인 소녀보다 더 성인 같아 보이며 성적인 지식이 발달해 있다고 여겨진다), 피해자가 백인인 강간 사건은 피해자가 흑인인 경우보다 더 무거운 형량이 선고된다. 모든 발언이 평등하지는 않은 것이다.

그러나 '여성이 말해야 한다'는 이 요구는 과거에 대한 것만이 아니다. 그것은 장래에 대한 것, 미래를 보호하는 것이기도 하다. '분명한 발언'은 그저 과거의 잘못을 지적할 뿐 아니라 앞날의 오류를 방지하기 위한 필수 구성요소다. 요즘에는 좋은 섹스를 하기 위해 반드시 갖추어야 하는 두 가지 요건이 생겼다. 바로 '동의consent'와 '자기 지식self-knowledge'이다. 동의라는 개념이 최우선으로 군림하는 섹스의 영역에서 여성은 반드시 목소리를 내야 하며, 자신이 원하는 바에 대해 분명히 말해야 한다. 그리고 자신이 원하는 것이 무엇인지도 반드시 알고 있어야 한다.

내가 '동의 문화consent culture'(동의가 섹스 문화의 병폐를 바꿔놓을 수 있는 **핵심 담론의 장**이라는 주장을 담은 잘 알려진 수사)라고 부르는 사회 안에서, 자신의 욕망에 대한 여성의 발언은 요구되는 동시에 이상理想화되어 진보 정치의 표식으로 선전된다.

2018년 7월 〈뉴욕 타임스〉 기사는 "자신이 원하는 것과 당신의 파트너가 원하는 것을 파악하라"고 설득하면서 "이 두 사람의 의견이 만나는 곳에서 좋은 섹스가 이루어진다"고 약속하듯 말한다. 같은 해 9월 BBC 라디오 4의 〈동의의 새 시대〉에서 한 성교육 전문가는 "대화를 해야 한다"고 강력히 권했다. 하고 싶은지 아닌지, 하고 싶다면 정확히 무엇을 하고 싶은지 등등 섹스에 대해 직접적이고 솔직한 대화를 나눠야 한다는 의미였다. 그들은 우리에게 침실에 들어가기 **전에** 대화를 해두라고 권한다. 술집에서 얘기해라. 집에 오는 택시에서 얘기해라. 아무리 어색하더라도 나중에는 분명 그 덕을 볼 것이다.

〈틴 보그〉에서 지지 잉글은 "양쪽 모두가 그 경험을 즐기기 위해서는 열정적인 동의가 반드시 필요하다"고 했다. 이는 학자 조지프 J. 피셸이 "우리가 욕망을 읽어낼 수 있는 열정적인 동의는 단순히 성적 쾌락의 최저 기준일 뿐만 아니라 거의 쾌락을 보장해주는 요건이다"라는 관점으로 설명했던 것과 같은 입장이다. 여기서 여성의 말은 쾌락을 보장해야 하고, 성적 관계를 개선해야 하며, 폭력을 해결해야 하는 무거운 부담을 진다. 피셸이 저서인 《놀아난 동의Screw Consent》에서 말했듯, 동의는 '섹스에 도덕적 마법'을 걸어준다.

이 수사는 완전히 새로운 것이 아니다. 페미니즘 운동은 특히 1990년대부터 동의에 집중적으로 주목했고, 그 과정에서 매우 격렬한 논평을 불러일으켰다(이는 이후에 더 자세히 다룰 것이다). 2008년에 레이철 크레이머 버셀은 다음과 같이 썼다.

"여성으로서, 침대에서 우리가 원하지 않는 것을 알리는 것뿐만 아니라 우리가 원하는 것을 요구하기 위해 보다 적극적으로 나서는 것은 우리 자신과 파트너에 대한 우리의 의무다. 어느 쪽 파트너든 그저 수동적인 태도로 상대방이 어디까지 갈지 가만히 지켜봐서는 안 된다."

우리가 원하는 바에 대해 말해야 한다는 것과 실제로 우리가 무엇을 원하는지 알고 있어야 한다는 것은, 여성의 자율성과 섹스의 쾌락을 진지하게 고민하는 사람이라면 좀처럼 반박하기 어려운 당연한 원칙이 되었다. 그리고 여성은 자신의 욕망을 분명히 파악하고 확실히 말해야 한다는 이 명령은 성적 쾌락을 누릴 수 있는 여성의 능력과 권리를 강조하기 때문에 본질적으로 해방적인 명제로 규정되었다.

진보 사상은 오랫동안 섹슈얼리티와 쾌락을 해방과 자유를 위한 대안으로 제시해왔다. 그것은 정확히 철학자 미셸 푸코가《성의 역사 1: 지식의 의지》의 "내일이면 만나리 즐거운 성을"이라고 말하며 비판하던 내용이다. 그는 1960년대와 70년대의 반문화적 성 해방주의자들의 입장을 냉소적으로 재해석한다. 마르크스주의자, 혁명가, 프로이트주의자들은 모두 과거 도덕주의자의 손아귀에서, 억압적인 빅토리아 시대의 과거에서 벗어나기 위해 우리는 마침내 섹슈얼리티에 대한 진실을 털어놓아야만 한다고 믿었다. 그에 반해 푸코는 '우리는 현재를 격렬히 쫓아내고 미래를 향해 호소한다'는 방식에 회의적이었고, 답답한 빅토리아 시대 사람들이 사실은 섹스에 대해 엄청나게 말을 많이 했었다고 주장했다. 비록 그 장황한 말이 병리학, 비정상성, 일탈의 경계를 만들어내는 형식을 취했지만 말이다. 푸코는 빅토리아 시대의 사람들은 점잖고 억압되어 있으며 침묵을 고수했다는 고전적 견해를 수정했을 뿐 아니라, 섹스에 대한 적극적 발언은 곧 해방이며, 섹스에 대한 침묵은 곧 억압이라는 자명한 명제에 반대하기도 했다. 푸코는 다음과 같이 썼다.

"우리가 섹스에 대해 좋다고 말하면 권력에 대해 싫다고 말하는 셈이라고 생각해선 안 된다."

예전에 그리고 지금도 여전히 섹스는 무수한 방식으로 금지되고 규율되어 왔다. 특히 여성의 섹슈얼리티는 강력하게 구속되고 통제되었다. 그러나 푸코의 지적은 깊이 생각해볼 가치가 있다. 우리는 이제 막 지평선까지 올라와서, 만질 수 있을 만큼 가까운, 바로 내일이면 즐거운 섹스를 만나게 될 것 같은 순간에 다시 처해 있기 때문이다. 이는 동의와 앞으로 언급할 성 연구라는, 우리가 과거의 억압을 무너뜨리는 데 필요한 두 가지 수단으로 무장한 채 현재를 쫓아내고 미래에 호소하는 순간이다.

그러나 말하기와 진실의 토로가 본질적으로 해방적인 것은 아니다. 마찬가지로 발언이나 침묵이 본질적으로 자유롭거나 억압적인 것도 아니다. 더욱이 억압은 발언의 메커니즘을 통해, 푸코의 말을 빌리자면 '담론에서의 선동'을 통해 작동할 수도 있다. 동의와 그것의 절대적 명확성에 대한 과신은 좋은 성적 상호작용에 대한 부담을 여성의 행동에 떠넘긴다. 즉 여성이 무엇을 원하는가, 자신이 원하는 것에 대해 무엇을 알고 어떻게 말하는가, 이 섹스가 양쪽 모두에게 즐겁고 강압적이지 않음을 확인시켜주기 위해 자신 있는 성적 자아를 수행할 수 있는 능력이 있는가 여부에 책임을 미루는 셈이다. *자기 자신에 대해 모르고, 그 지식에 대해 말하지 않는 여자에게 재난이 있으라.* 앞으로 살펴보겠지만, 이런 상황은 위험하다.

✖   ✖   ✖

어떤 인터뷰에서, 와인스타인 성희롱 폭로 운동의 대상 중 한 명은 그동안 '거물을 건드리기poke the bear' 두려웠다고 말했다. 그의 요구를 거부해서, 어떤 식으로든 그의 분노나 폭력성, 혹은 복수심을 들쑤실 만한 행동을 할까 겁이 났다고 한다. 2020년 1월 뉴욕에서 열린 와인스타인 재판에서, 한 증인은 법정에서 그가 "'싫다'는 말을 들으면, 마치 폭발 버틈이라도 눌린 것 같았다"고 말했다.

　여성은 남자의 감정을 과도하게 신경 쓰도록 가르침을 받는다. 이는 꼭 강압적인 남성들이 주입하는 것도 아니다. 여성들은 남성의 안락한 삶뿐 아니라 그들의 분노와 폭력에도 책임감을 느끼도록 사회화되었다. 그리고 여성들은 일단 '신호'를 줬으면, 반드시 끝까지 책임져야 한다고 배운다. 즉, 여성이 분명히 관심을 보였음에도 나중에 싫다고 거절한다면, 결과적으로 그저 여성 자신을 탓할 수밖에 없게 된다. 남성의 자존심에 상처를 입히면 그가 폭발할 가능성이 크고 사회적 의사소통은 간접적인 경우가 많기 때문에, 특히 두려움이 도사리고 있는 상황이라면 여성은 남성의 체면을 살려주고 그에게 반감을 사지 않도록 조심스럽고 신중하며 은밀하게 '싫다'고 해야 한다.

　그러나 조심스러운 '싫다'는 싫다는 뜻으로 전달되지 않을 수 있으며, 바로 그 조심스러움과 섬세함이 역으로 법정이라는 의혹 제기와 조사의 영역에서 여성을 괴롭힐 수 있다. 충분히 큰소리로 '싫다'고 말했습니까? 그 거물을 완강히 거절했습니까?

　그렇기에 '싫다'고 말하기란 어렵다. '좋다'고 말하기도 어렵다. 욕망을 표현하기도 어렵다. 우선 첫째로, 수많은 동의 담론의 저돌적이고 열정적인 어조에도 불구하고, 욕망의 음성적 표현은 여성에게 쾌락을 보장하지 않는다. 미카엘라 코엘의 BBC 드라마 〈아이 메이 디스트로이 유I May Destroy

You〉에서 작가 아라벨라는 원고를 완성하기 위해 애쓰며 친구인 배우 테리와 함께 이탈리아의 호화 아파트에 머물고 있다. 어느 날 그들은 클럽에 놀러 가고 테리만 먼저 떠난다. 귀갓길에서 테리가 홀로 지나친 바에서, 그 지역 남자가 테리에게 접근한다. 우리는 이전 장면을 통해 그가 동성 친구와 함께 테리를 몰래 엿보았다는 것을 알고 있다. 그러나 지금 그가 테리에게 다가올 때에는 혼자다. 그들은 함께 춤을 추고, 성적 긴장감sexual tension도 높아진다. 둘 사이에 분명히 무언가가 생기고 있는 듯하다. 그리고 그의 친구가 나타난다. 두 남자는 서로 모르는 사이인 척한다. 테리의 관점에서, 이어지는 세 사람의 관계는 유기적이고 우연한 것처럼 보인다. 그들이 섹스를 한 뒤, 더 정확히 말하면 남자들이 사정을 하고 난 뒤 두 남자는 테리를 그대로 남겨둔 채 대충 옷을 걸치고 서둘러 집으로 돌아간다.

그들은 자신의 쾌락을 얻었다, 그들은 오르가슴을 얻었다. 그러나 그녀의 쾌락은 어디서 찾을 수 있을까? 그녀는 섹스를 원했지만, 그렇다고 남자들에게 이용당한 듯하고 실망한 감정을 지울 수는 없다. 기진맥진한 채로 그녀는 공범끼리의 동지애를 다지며 함께 길을 걸어가는 두 남자를 지켜본다. 이제 그들은 친구였고 그것을 숨겼다는 사실은 명백해 보인다. 테리는 자신의 성적 호기심에 편승하여 두 남자가 미묘하고 모호한 형태의 속임수로 그녀를 조종했다는 데에 어렴풋이 불편함을 느낀다.

동의, 즉 좋다고 말한 것과 욕망을 표현한 것이 쾌락을 보증해주는가? 그것이 남성이 여성을 도구화하지 못하게 막아주는가? 물론 아니다. 쾌락과 그것을 추구할 권리는 평등하게 분배되지 않는다.

※　※　※

여성에게 끊임없이 가해지는 성차별적 감시로 인해, '좋다'고 말하고 자신의 욕망을 분명히 밝히는 것도 '싫다'고 말하는 것과 마찬가지로 어렵다. 많은 강간 및 폭력 재판이 그 행위가 일어났는지가 아니라 피해자가 그 성행위에 동의했는지 아닌지 여부에 초점을 맞춘다. 그러면 동의는 즐거움, 쾌락, 욕망의 영역으로 모호해진다.

한 저명한 영국 변호사는 다음과 같이 발언했다.

"이상적인 피해자라면 성적 경험이 없는 것이 제일 좋고, 최소한 고상한 수준이어야 한다."

여성이 성적 상대를 만나기 위해 틴더tinder 등의 데이팅 앱을 사용했다는 증거는 설령 법정에 제기된 혐의와 관련이 없다 해도 그녀에게 불리하게 작용할 수 있으며, 낯선 사람과 가볍게 섹스를 즐기려는 여성의 의사는 재판에서 종종 그녀에게 아주 불리한 영향을 끼친다. 만일 "원나잇 섹스를 위한 웹사이트를 통한 만남에서 비롯한 사건에 대한 재판이라면, 유죄 판결이 나올 가능성은 희박할 것이다." 다시 말해, 당신은 틴더에서 만난 누군가에게는 강간당할 수 없다. 당신이 섹스하고 싶다는 당당한 욕망을 가지고 만났다고 여겨지는 누군가에 의해서는 말이다.

여성의 성욕은 남성의 폭력을 면죄해주는 바로 그 수단이 되곤 한다. 그렇지 않다면, 가령 2018년 아일랜드에서 열린 강간 재판에서 변호사가 법정에 강간 고소인의 속옷을 내민 이유가 무엇이겠는가? 여성 변호사는 주장했다.

"여러분들은 그녀가 무슨 옷을 입었었는지 봐야 합니다. 그녀는 앞면에 레이스가 달린 끈팬티를 입고 있었어요."

고소인의 속옷은 그녀의 성욕을 대변하는 듯하다. 다시금, 여성이 한 번 무언가에 '좋다'고 말했다고 여겨지면, 그녀는 아무것에도 '싫다'고 말할 수 없게 된다.

마찬가지로, 2016년 웨일스의 축구 선수 체드 에번스에 대한 재심 재판에서도 여성의 욕망은 중추적 역할을 했다. 에번스는 19세 여성을 강간한 혐의로 유죄 판결을 받고 투옥되었다. 재심에서는 항소 법원이 사건과 관련 있다고 판결한 증거를 조사했다. 그 증거는 다른 두 남성이 피해 여성의 성적 이력에 관해 제출한 것이었다. 그들은 그 여성이 '비정상적인' 섹스를 좋아했다고 주장했다. 그들은 그녀가 엎드린 채 남자가 뒤에서 질에 삽입하는 섹스를 하며 "더 세게 해줘"라고 말했다고 주장했다. '변태스러움'을 즐겼다는 징후는 여성에게 법정에서 불리하게 작용한다. 그런데 이는 수십 년 동안 여성 잡지와 섹스 안내서에서 여성들에게 성적 해방이라는 이름으로 탐구해야 한다고 강력히 장려되어 왔던 것이기도 하다. 이러랬다 저러랬다 어쩌란 말인가!

⚹　　⚹　　⚹

몇 년 전, 내가 일인칭으로 섹슈얼리티의 기쁨과 고통, 명과 암에 대한 책을 썼을 때, 나는 어떻게 그렇게 깊은 곳까지 드러내는 위험을 감수하며 자신의 성생활에 대한 글을 쓰기로 결심했는지에 대해 다수의 질문을 받았다. 그리고 나는 용감하다는 말도 여러 번 들었다. 내 책을 좋아한 사람들은 나의 용기에 대해 칭찬과 경외를 담은 어조로 말했다. 내 책을 싫어한 사람들은 같은 말을 좀 더 충격 받은 어조로 말하거나 썼다. 나는 여기서 공통점을 느끼기 시작했다. 휘둥그런 눈을 한 어떤 불안, 여성이 자신의 섹슈얼리티에 대해 말하는 것은 무모하다는 인식이었다.

　　내 입장에서는 그 모든 반응들 아래에 도사리고 있는 사실을 억누르기 위해 매우 애써야 했다. 나의 섹슈얼리티에 대해 공개적으로 글을 쓰면, 내가 죽는 날까지 내게 불리한 증거로 작용할 수 있다는 것 말이다. 무시하려고 안간힘을 썼지만 내가 언젠가 성폭력으로 어떤 남성을 고소해야 한다면, 책에 적힌 나의 섹슈얼리티 탐구가 스스로에게 해를 끼칠 수 있으며, 그 남성을 무죄로 만들어줄 수 있다는 생각을 떨칠 수가 없었다.

그 전율, 그 공포의 물결이 사람들을 훑고 지나가는 것을 감지하면서, 나는 이것이 어떤 여성이 섹스에 대해 솔직하게 털어놓았을 때 나타나는 익숙한 거부감—성별화된 반대, 이중 잣대—이라고 짐작했다. 그러나 이 거부감 중 일부는 우리 모두가 늘 알고 있던 진실을 반영한다. 여성은 자신을 드러냄으로써, 그런 충동을 욕망하는 동시에 처벌하는 세상에서는 스스로를 취약하게 만든다는 점이다. 그녀의 취약성은 차츰 두려움을 불러일으키고, 이는 곧잘 경멸이나 감탄으로 전환되곤 한다. 그 전율은 무언가를 인식했을 때 발생하는 경련이자 집단적 경고다. *조심해.*

※　　※　　※

욕망을 명확히 표현하는 것, 즉 자신이 원하는 것이 무엇인지 아는 것, 열정적으로 동의를 표하는 것, 롤라 올러페미가 '행복한 표정의 동의'라고 부른 것에 대한 강조는 또 다른 중요한 질문을 얼버무린다. *누구의 '좋다'가 의미 있는가?*

유색 여성의 섹슈얼리티는 여전히 동물적이고 이국적인 판타지를 추구하는 식민주의와 오리엔탈리즘이라는 틀 안에서 인식된다. 흑인 여성을 과잉 성욕자로 보는 인종차별적 선입견은 뿌리가 깊다. 1753년에 인종을 유형화한 생물학자 칼 린네는 아프리카 여성을 '부끄러움이 없는' 존재로 정의했다. 또 남북전쟁 이전, 미국 남부에서는 흑인 여성은 정숙하지 않아 법의 영역에 포함될 자격이 없다는 선입견에 따라 흑인 노예 여성을 강간하는 것은 범죄가 아니었다. 이러한 관념은 장기적으로 영향을 미친다. 미국 배심원의 행동에 관한 최근 연구에 따르면, 사람들은 흑인 여성보다 백인 여성을 가해한 혐의자를 유죄라고 생각할 가능성이 더 높다고 한다.

흑인 여성은 언제나 섹스에 대해 이미 '좋다'고 말하고 있다는 이러한 인식은 그들을 매우 불공평하고 불쾌한 상황에 몰아넣는다. 그들은 '싫다'고 말해도 좀처럼 싫은 것으로 받아들여지지 않으며 그저 '좋다'는 뜻으로 추정된다. 게다가 그녀의 욕망이 그런 추정을 인정하는 것처럼 보이기라도 하면 자신의 욕망에 대한 여성의 발언은 의미가 없어진다. 즉, 그들에게 섹스는 결코 폭력이 될 수 없으며, 강간은 성립하지 않는다. '싫다'가 아무 의미 없는 상황이라면, 어떻게 '좋다'가 의미 있는 말이 될 수 있겠는가? 그리고 좋거나 싫다는 여성의 말이 아무 의미 없이 공허할 뿐이라면, 욕망을 강력히 표현하라고 계속 주장하는 것이 여성에게 어떤 도움이 되는가?

그리고 흑인 여성의 성적 욕망에 대한 인종차별적 호소에 맞서 저항하면서도, 바로 그 욕망의 결정적이고 근본적인 표현일 수도 있는 것을 억누르지 않으려면 어떻게 해야 할까? 에이드리언 마리 브라운이 질문하듯, 쾌락을 부정하지 않으면서도 정의를 추구하려면 어떻게 해야 할까? 조앤 모건은 흑인 여성을 비인간화하는 고정관념이 만연한 상황에서 흑인 여성이 쾌락을 추구하는 자신의 모습을 부정하려는 경향에 맞서는 것은 매우 중요하다고 주장해왔다. 비욘세의 노래 〈포메이션Formation〉 리뷰에서 흑인학 연구자 케힌데 앤드루스는 "나는 자칫하면 우리가 결국 비욘세에게 기대하게 된 것이 흑인 여성의 '빵빵한 매력bootylicious'에 대한 성애화sexualization의 일환이었다는 데 매몰된 채로 정치적 입장을 완전히 놓칠 뻔했다"고 썼다. 앤드루스에게 성적인 몸은 필연적으로 모든 정치적 메시지를 가린다.

흑인 여성의 몸이 역사적으로 성애화되어 왔다면, 흑인 여성은 자신의 활동에서 무슨 일이 있어도 자신의 섹슈얼리티를 활용하거나 전시하지 말아야 하는가? 여성의 몸, 그것의 쾌락, 권력, 고통은 인종차별적 과거와 현재 앞에서 정체되거나 부재한 채로 남아 있어야 하는가? 이는 너무나 난처한 상황이다.

이런 추악한 진실은 여성을 어떤 상황으로 내모는가? 가혹할 정도로 경쾌한 어조로 자신의 욕망을 알고 부끄럽게 여기지 말고 표현하라는 말을 듣고 있는 바로 그 여성들 말이다. 긍정적이고 자신감 넘치는 그 모든 표현, 즉 당신이 원하는 바를 파악하고 말하라는 명령이 무슨 소용이란 말인가? *어찌 됐든, 당신은 자신을 위해 그렇게 해야 할 의무가 있습니다!* 페미니스트 학자 사라 아메드가 발견했듯이 때로 "좋은 감정의 반복은 억압적으로 느껴진다." 이는 결정적인 무언가, 페미니즘적 역량 강화라는 명목 하에 여성에게 실천해야 한다고 요청되던 바로 그 행동에 부과되는 징벌적 효과를 부정하기 때문에 억압적이다. 어떻게 해도 여성은 곤경에 빠진다.[2] 해방에 대한 희망을 우리의 욕망을 명확히 표현하는 것에 고정할 때, 우리는 혹시 엉뚱한 곳을 들여다보고 있는 것은 아닐까?

✕   ✕   ✕

요즘 서점을 거닐다 보면 그 어떤 곳이든, 부당함과 직면한 여성들의 비범한 회복력을 상기시켜주는 밝고 활기찬 책들이 늘어서 있다. 힐러리 클린턴과 첼시 클린턴의 《배짱 좋은 여성들: 용기와 극복에 관한 가슴 떨리는 이야기들》은 "당연하다고 여겨지던 상황에 맞서고, 불편한 질문을 던지며,

---

2   이 책의 주된 관심사는 여성과 남성 간의 섹스(와 권력)다. 그러나 그것은 주로 우리가 섹스와 폭력에 대해 생각하는 방식에 권력 불평등과 경직된 젠더 규범이 미치는 효과에 대한 것이기 때문에, 나의 서술 중 일부는 그저 남자와 여자의 섹스에만 관련된 것이 아니라, 시스여성과 트랜스여성 모두에게 관련된 내용이 될 것이다(이 책에서 '여성'이라는 용어는 시스여성과 트랜스여성을 모두 포함한다). 여기서 탐구하는 동학이 동성애/퀴어 관계는 물론 트랜스젠더의 섹스 경험에 영향을 미치는 특정한 난제들을 인식하고 그것과 공명하는 부분이 있기를 바라지만, 그러한 문제가 가진 섬세한 특성에 대해 본격적으로 다루고 있지는 않다. 그리고 그 중요한 작업은 더 적합한 사람들이 해주리라고 믿는다.

하고자 하는 일을 끝내 해내는 용기를 지닌" 여성들의 이야기를 모아 담았다(이것이 보리스 존슨이나 도널드 트럼프가 브렉시트를 이뤄내고 국경에 벽을 쌓겠다며 내지르던 막무가내이고 남근적인 주장과 괴이한 공명을 이루고 있다는 점에 주목하라). 영국 하원의원인 이베트 쿠퍼의 《그녀가 말한다: 여성의 목소리의 힘》은 테레사 메이의 연설을 포함하여 오랜 세월 동안 이루어졌던 여성들의 연설을 기념한다. 데버라 콜린의 《대담한 외침: 부디카부터 미셸 오바마까지 위대한 여성이 남긴 연설 50편》에도 동일한 연설이 몇 편 담겨 있다. 그리고 하원의원 제스 필립스는 《권력에 대한 진실: 헛소리를 끝내는 일곱 가지 방법》의 저자다. 그녀에게 페미니스트의 자격은 도전적으로 진실을 말하는 자세와 밀접하게 연관되어 있다. 그녀는 또한 《평범한 여성: 진실을 말하는 것에 대한 한 여성의 진실》의 저자이기도 하다. 과감하게 나서서 말하기는 실로 자신을 존중하는 모든 페미니스트 주체성의 필수 요건인 듯하다. 대담함에 대해 큰소리로 말하고 있지 않다면, 당신이 페미니스트라고 할 수 있기나 하겠는가?

이러한 페미니즘 출판 경향에서 알 수 있는 것은 로절린드 길과 샤니 오르가드가 명명한 '자신감 문화confidence culture'다. 이는 여성을 끌어내리는 요인 중 가장 주요한 것은 가부장제나 자본주의, 뿌리 깊은 제도적 성차별이 아니라 바로 여성 개개인의 자신감 부족, 그것도 전적으로 개인적 문제로 규정된 부족이라고 주장하는 문화다.

심리적 상태로서의 자신감에 대한 평가는 또한 지메일의 "미안하지 않아Just Not Sorry" 플러그인과 같은 캠페인에서도 작용한다. 이 플러그인은 여성들이 이메일을 작성할 때 '번거롭게 해드려 죄송하지만', 혹은 '혹시라도 여쭤볼 수 있을지' 등의 문구를 보다 직접적이고 단호한 어구로 바꿀 수 있게 도와준다. 자신감 문화는 페이스북의 최고운영책임자 셰릴 샌드버그의 2013년 책《린 인》이나 에이미 커디가 여성들에게 '파워포즈'를 취하라고 조언했던 테드 강연 "신체언어가 여러분의 모습을 만듭니다"에서도 뚜렷하게 나타난다. 이러한 포즈들은 부담스러운 회의나 취업 면접, 승진 요청 등 여성들이 자기주장을 충분히 내세우지 못한다고 늘 지적되던 영역으로 들어가기에 앞서 코르티솔을 낮추고 테스토스테론을 증가시켜준다고 한다.

여기서 여성의 개인적 힘과 적극성을 독려하는 것은 페미니즘과 동의어가 된다. 여성이 반드시 행동에 나서야 한다는 당위는 그녀 스스로가 실천해야 할 일이며, 그렇게 행동함으로써 그녀는 동시에 모든 여성을 위해 깃발을 흔든다. 자신감은 성취의 핵심이며 평등과 다양성의 증진이다. 이는 모든 여성이 성공하기 위해, 그리고 자신에게 불리한 장애물이 산적해 있음에도 굴복하지 않은 자신을 존중하기 위해 반드시 해야 하는 일종의 자기 작업self-work이다.

치어리더 친구의 목소리로 여성들에게 긍정적 사고와

자기 실현을 권하는(유 고 걸!) 자신감 문화의 말하기 방식은 결코 나쁜 일이 아닐지도 모른다. 그리고 때로는 욕실 거울을 바라보며 스스로를 격려하는 혼잣말에 도움을 받을 수도 있다. 그러나 여성들에게 이런 식으로 말하는 것은 아주 두드러진 문제를 회피한다. 계발하라고 독려받는 바로 그 자신감 있고 적극적인 포즈와 행동으로 인해 여성들이 처벌받고 비판당하는 일이 흔하다—여자가 싸가지 없다, 거만하다, 화가 많다—는 사실 말이다.

게다가 이렇게 긍정적 사고를 하라는 충고는 취약성을 신경질적으로 억누른다. 그들은 확신 없음이나 자신감 결여를 추하고 비참하며 수치스러운 것, 자신을 존중하는 여성이라면 느끼지 않거나 적어도 표현하지 않을 무언가로 만든다. 이러한 발언의 양식은 거의 조증에 가깝게 강함을 강조한다. 그들은 여성을 거의 초인에 가까울 정도로 상처받지 않는 존재로 제시하기 위해 엄청난 고통을 겪고 있다. 사라 아메드는 이렇게 자신감을 확대하고 강조하는zooming in 경향은 젊은 여성들에게 암묵적으로 "자기 자신으로 향하는 길의 장애물은 자기 자신"이라는 생각을 심어준다고 설명한다. 길과 오르가드는 '자신감 문화'를 다음과 같이 설명한다.

"자신감이 새로운 섹시함이라면, 확신 없음은 새로운 추함이다."

감정의 이러한 위계가 과연 도움이 될까?

동의의 수사는 자신감 문화에 많은 빚을 지고 있다. 그것은 격려와 역량 강화의 언어로 말하는 경우가 상당히 많다. 적극적인 동의에 대한 여러 법 조항과 동의에 대한 일상생활 속 다양한 호소는 동의가 지속적이어야 하며, 우리의 감정은 변할 수 있고, 우리가 생각을 바꿀 수도 있다는 것을 인정한다. 그러나 선의의 조언이나 명령, 충고로 등장하는 동의 문화의 여러 수사적 경향은 주저함을 미심쩍어 한다. 그것은 욕망에 대한 확고한 자기 지식과 그것을 말로 표현할 수 있는 능력에 특권을 부여한다. 여성에게 자신의 성적 욕망을 분명하고 자신 있게 표현해야 한다고 요구하면서('이것은 우리 자신에 대한 의무예요!'), 동의 문화는 마치 자신감 페미니즘과 마찬가지로, 여성들에게 체화해야 한다고 강력히 촉구하던 바로 그 적극적인 성적 입장으로 인해 여성들이 처벌받는 일이 적지 않다는 사실을 자발적으로 부인할 위험이 있다. 게다가 동의의 수사는 양가적 감정을 허용하지 않으며, 단순히 욕망을 표현하기 어려워하는 것뿐만 아니라, 애초에 우리가 원하는 것이 무엇인지 정확히 알지 못하는 경험을 용납할 수 없는 것, 실은 위험한 것으로 만들어 버릴 수도 있다.

✼　✼　✼

적극적 동의는 1990년대에 사법적, 대중적 맥락 속에 등장했다. 특히 미국에서 강간법의 초점이 강제성 및 저항을 넘어서는 변화가 시작된 시기였다. 동의한다는 긍정의 개념이 없을 때에는 '싫다'고 하지 않는 것이 동의의 표시로 간주될 수 있었다. 따로 철회하지 않는 한 동의는 이미 전제되어 있으며, 그것을 철회할 의무와 법정에서 자신의 거절을 입증할 의무는 여성에게 부과되는 경향이 있었다. 그녀가 '싫어'라고 분명히 말하지 않았거나, (아무리 대부분 공포로 인해 몸이 굳어버린다 해도) 확실히 저항하지 않았다면 그녀에겐 불평할 명분이 거의 없다. 어찌 됐든, 그녀는 '싫다'고 말하지 않았으니까.

여성이 섹스하기를 주저하고, 그렇기에 섹스에 대해 이야기할 필요가 있다는 생각은 이렇게 '싫다'는 말을 강조하는 것과 상응한다. 빌 코스비가 자신이 섹스하고 싶은 여성에게 줄 진정제를 구입했다고(마치 어떤 남성이 상대에게 술을 사는 것과 동일한 방식으로) 인정했을 때, 제기된 반응 중 하나는 코스비가 '강간하고 싶은'이라고 말하지 않고 '섹스하고 싶은'이라는 표현의 사용에 반대한다는 것이었다. 하지만 코스비와 같은 남자에게 섹스는 여성이 기꺼이 먼저 시작하는 무언가가 아니다. 섹스는 여성들을 설득하거나 강요해야 이뤄지는 일이며, **남성이 여성에게** 하는 일이다. 여성의 주저함(그들의 정숙함, 아마도 부끄러움)은 반드시 잘 달래서 없애줘야 하며, 그러기 위한 방법이 바로 술, 약물, 설득이다.

적극적 동의가 도입되기 전에, 강간 예방 캠페인은 섹스에 대한 거절 의사를 존중해야 한다고 강조하는 '싫다고 말하면 싫다는 뜻이다no means no'라는 슬로건이 지배적이었다. 미투 산얄은 자신의 책《강간》에서 1970년대 여성 운동이 이 슬로건을 만들어냈을 때, 그것은 '싫다'는 말을 성욕이 충만한 설득을 바라는 수줍은 간청이라 여기는 오랜 전통에 저항하고 있었다. 페미니스트들은 남성들, 보다 넓게는 문화가 싫다는 말을 진지하게 액면 그대로 받아들이게 만드는 것을 목표로 삼았다. 물론 '싫다고 말하면 싫다는 뜻이다'는 매우 실질적인 문제를 다루는 유용하고 자극적인 슬로건이었다. 하지만 그것은 섹스에서 여성의 가장 주된 역할을 거절로 구획했다.

적극적 동의는 초점에 중요한 변화를 일으킨다. 이를 통해 페미니즘과 대중문화는 섹스에서 **합의**와 '좋다'는 말의 중요성을 강조하기 시작했다. 적극적 동의 개념에 근거하여 성행위가 범죄가 아니라고 판단하기 위해서는 강제되지 않은 언어적, 혹은 비언어적 동의 표시가 있어야 한다. 이처럼 적극적 동의는 성적 파트너 사이에는 모종의 상호성과 동등한 참여가 반드시 필요하다고 생각하며, 상대방의 성적 의사 결정을 존중해야 할 필요성을 인정한다.

재클린 프리드먼과 제시카 발렌티는 그들의 2008년 저서《좋다는 말은 좋다는 뜻이다! 여성의 성적 역량과 강간 없는 세상에 대한 비전》에서 다음과 같이 썼다.

"여성이 원하는 대로 섹스에 대해 *'싫다'*와 *'좋다'*를 말할 수 있는, 보다 안전한 세상을 만드는 법을 모색하고 싶다."

그들의 작업은 단순히 섹스를 거부할 권리에서 섹스를 욕망하고, 섹스에 대해 좋다고 말하고, 실은 섹스를 (어떨 땐 아주 열정적으로) 요구할 수 있는 권리로 논의가 확장되는 양상을 정확히 담아내고 있다.

✕　　✕　　✕

그동안 적극적 동의는 극도로 분열적이었다. 1980년대 말과 1990년대 초에 운동가들이 대중의 사고방식을 바꾸려 하고 있을 때, 미디어가 보인 불안의 상당수는 '데이트 강간'과 '지인 강간'에 고정되어 있었다. 1993년에는 미국의 작은 교양 대학인 안티오크 대학의 성범죄 예방 정책이 큰 파장을 일으켰다. 진보적인 포용성을 자랑하던 대학에서 벌어지고 있던 강간에 대해 충격을 받은 여학생들이 만든 이 정책에는, 동의란 말로 묻고 말로 답하는 것을 뜻하며 그렇지 않으면 모든 수준의 성적 행동에 대해 동의가 인정되지 않는다고 명시되어 있었다. 동의는 지속적으로 이루어져야 하며, 상대와 어떤 관계인지, 과거의 성적 이력이나 현재의 행동이 무엇이었는지와 관계없이 동의는 다시 이루어져야 한다. 게다가 술에 취한 사람은 아예 동의를 할 수 없다.

안티오크 대학의 정책은 '데이트 강간' 개념을 조명한

〈새터데이 나잇 라이브〉의 악명 높은 콩트에서 무자비하게 조롱을 받았다. 여기서 이 정책은 출연진이 '제가 당신의 둔부를 만지며 성적 친밀감의 단계를 향상시켜도 될까요?'라고 묻는 등 지루한 계약 행위 같은 섹스로 패러디되었다. 〈뉴욕 타임스〉는 이 정책의 목표에 공감하면서도, '키스마저 법으로 통제하려 한다'고 비판하며 안티오크 대학의 시각을 혹독하게 질타했다. 이에 대해 안티오크 성폭력 예방 프로그램 책임자는 "우리는 섹스의 로맨스, 열정, 즉흥성을 축소하려는 것이 아닙니다. 우리는 강간의 즉흥성을 줄이려 하고 있습니다"라고 밝혔다.

논쟁은 동의의 범위를 넘어섰다. 같은 해에 케이티 로이프의 《다음 날 아침: 섹스, 두려움, 페미니즘》이 출간되어 언론의 상당한 관심을 받으며 논란을 불러일으켰다. 그녀는 주로 명문대에서 벌어지고 있는 강간 반대 캠페인에 초점을 맞추고 있었다. 로이프는 하버드 대학을 졸업하고 프린스턴 대학에서 박사과정을 밟고 있었다. 그녀는 이러한 캠페인이 이전 페미니스트들이 도전하여 극복하려던 이미지, 취약하고 순진하며 겁이 많은 여성의 이미지를 역행적으로 여성들에게 다시 투사한다고 주장했다. 로이프는 자기 눈에는 약탈적 남성에 대한 유언비어 유포와 올바른 성적 에티켓에 대한 선동적인 규칙만이 보일 뿐이었다며 비난했다. 가령 그들은 학교에 입학하는 여학생들에게 '너의 제한선이 어디까지인지 분명히 소통하라', '남자친구의 아파트나 기숙사에 가기 전에 신중하게 생각하라'고 강조하는 불길한 경고를 늘어놓았다고 말이다. 로이프는 '이제 해방과 성욕 대신 트라우마와 질병이 강조된다'고 썼다. 성폭력 경험에 대한 여성들의 연설이 종종 등장하는 '밤을 되찾자The Take Back The Night' 시위는 여성의 힘을 기념하고 북돋우기 위한 행사였다. 그러나 로이프는 그들이 힘이 아닌 취약성을 기념하는 것처럼 보였다고 주장했다. 행진 참가자들은 "피해자 지위라는 망토를 받아들이고 심지어 포용하는" 것처럼 보였다고 말이다.

로이프의 입장은 논란의 여지가 있었다. 《다음 날 아침》은 1980년대 페미니스트들이 포르노그래피를 두고 대립했던 성 전쟁sex wars을 되살리는 피뢰침이 되었다. 이는 남성의 폭력 앞에서 여성에게 우려 어린 보호가 필요한가, 아니면 페미니즘은 그 대신 여성 자신의(아마도 동등하게 도착적인) 욕망과 행위성을 강조해야 하는가의 질문으로 요약되곤 했다. 오늘날까지도 로이프의 이름은 페미니스트 집단 내에서 많은 논란을 불러일으키고 있다.

이 논쟁은 2011년에 오바마 대통령이 공적 자금을 받는 대학들에게 학교 내 성차별을 금지하는 법안인 '타이틀 9 Title IX'를 준수할 의무를 강조하는 '친애하는 동료에게Dear colleague'라는 서한을 발표한 뒤로 다시 불붙었다. 이 서한은 대학에게 성희롱과 성폭력은 여성들이 교육을 받기 위해 차별 없는 환경에 접근할 수 있는 역량을 저해하는 현상이기에 성차별에 해당한다고 상기시켰다. 일부 비평가들이 새로운 성 관료제라 명명한 제도가 미국의 대학에 뿌리를 내렸고, 공립 대학은 적극적 동의 규준, 즉 성적 파트너는 만남의 각 단계마다 반드시 의식적이고 자발적인 동의를 얻어야 한다는 규준을 의무적으로 채택해야 한다는 법률을 제정한 주도 여럿이었다. 섹스 행위는 그저 '싫다'가 아니라 '좋다'의 문제, 즉 거절의 부재만이 아니라 동의의 문제가 되었다.

비평가 로라 키프니스는 케이티 로이프가 중단한 부분을 이어받는다. 2017년에 출간된 《불필요한 진보》에서 키프니스는 적극적 동의 지침과 '타이틀 9' 감사가 미국 대학 캠퍼스에 무력함과 피해자성의 문화를 초래했다고 주장했다. 성 문화의 변화는 "뒷문으로 은근슬쩍 가장 속박된 버전의 전통적인 여성성을 복원"하며, "공식적으로 승인된 히스테리와 집단 편집증"에 도달할 뿐이다. 키프니스는 캠퍼스 동의 문화는 학생들을 미숙한 사람으로 취급할 뿐이며, 여성들이 남성과 해로운 교사들의 침해 앞에서 자신은 본질적으로 취약하다고 생각하게 만든다고 주장한다.

로이프와 마찬가지로 키프니스는 이러한 성 문화는 끊임없이 여성을 '안부를 확인해줘야 하는' 존재로 만들면서 (성적 만남의 모든 단계마다 동의를 얻어야 한다는 요건에 다른 무슨 의미가 있겠는가?) 그들을 욕망이 없고 성적이지 않은 모습으로 잘못 재현한다고 주장한다. 왜 이 여성들은 단순히 자신이 원하는 바를 말하고 그것을 얻기 위해 나아가지 못하는가? 페미니즘은 수십 년 동안 여성의 욕망에 대한 제약을 없애기 위해 논쟁해왔다. 그렇다면 여성을 자신의 의견을 지키지 못하고 쉽게 휘둘리는 소극적인 사람이자, 연인이나 권위적 존재가 손을 잡아줘야 하는 사람으로 취급하는 성 문화가 진보적이라고 할 수 있는가? 1993년에 로이프는 그러한 기관들의 노력은 역효과를 낳게 될 것이라고 썼다. "온실 속의 화초는 대학을 졸업하고 난 후 햇빛 아래에선 시들 것이다." 키프니스도 '시든 꽃 상황'에 동의했다. 여성들은 강하게 키워져야지 응석받이로 자라서는 안 된다.

관료제 문제에 대한 키프니스의 의견에도 일리가 있다. '타이틀 9'가 실행되는 과정에도 결함이 있을 수 있다. 예컨대 피고인이 변호사를 선임할 권리를 보장하지 않거나 피고인 측에 혐의에 대한 통지를 명확히 제공하지 않으면서도 법원처럼 행동할 수 있기 때문이다. 어쨌든 트럼프 정부의 교육부 장관 벳시 디보스는 2017년에 오바마의 '타이틀 9' 지침을 철회했다(영국은 대학 내 성폭력에 관해 비교할 만한 비슷한 정책이 없다). 그러나 로이프와 키프니스 같은 비평가들이 대학의 동의 문화에 대해 표명했던 의구심의 영향력은 강렬하다. 그들은 여성이 겪는 불의와 상처를 인정하지만, 이에 대한 해결책은 보다 이상적인 여성상에서 찾아야 한다고 주장한다. *그 모든 일을 극복할 수 있는 강한 여성이 되어라. 상처를 털어버리고 강인해져라. 까놓고 말해서 어리광은 그만 좀 부려라.* 그들의 비판은 다시 말해 자신감 페미니즘을 완벽하게 표현하고 있다.

　이런 비평가들이 보기에 '다 큰' 여성은 섹스를 하다 보면 생기게 마련인 좋고 나쁨을 성폭력이라고 소리치는 대신 잊고 나아가는 법을 안다. 이러한 논의에서 '나쁜 섹스'라는 비유는 중요한 역할을 한다. 키프니스는 젊은 여성들이 "성적 행위의 양가성이나 어색한 성적 경험을 해결하기 위해" 관료적 방법을 취하라고 권장된다고 주장한다. 키프니스와 그의 동료들에게 섹스란 "설령 나쁜 섹스라 해도(흔히 그렇지만) 여전히 교육적"이었다.

　저널리스트 배리 와이스도 2018년에 있었던 코미디언 아지즈 안사리에 대한 폭로에 관해 비슷한 입장을 표했다. 그 폭로는 웹사이트 베이브닷넷babe.net에 한 계정으로 게재되어 상당한 분노를 불러일으켰다(하지만 이야기를 너무 성급하게 발표하면서, 안사리에게 답변할 권리를 보장하는 것을 비롯한 언론 발표의 표준적 방법론을 준수하지 못했다는 점은 별로 문제되지 않았다). '그레이스(가명)'는 섹스에 대한 압박을 느꼈고, 별로 원하지 않는다고 언어적·비언어적으로 신호를 보내려고 애썼으나 안사리는 이를 계속 존중하지 않았다고 주장했다. 많은 사람에게 그녀의 이야기는 여성의 쾌락은(심지어 자신의 쾌락조차도?) 거의 안중에도 없고, 그저 섹스를 하겠다는 생각만 있는 거만하고 강압적인 남성의 사례로서 공감되었다. 또 어떤 사람들에게 그레이스는 안사리가 자신의 마음을 읽어주기만을 바랄 뿐, 본인의 욕망이나 불편함을 분명히 밝히지 못한 사람으로 보였다. 그녀는 열정적으로 좋다고 말하는 데 실패했고 분명하게 싫다고 말하는 데에도 실패했다. 와이스는 "이 여성이 안사리 씨와 함께 보낸 밤을 설명하기에 적당한 단어가 있다. 그것은 '나쁜 섹스'다. 그런 섹스는 정말 짜증난다"라고 썼다.

와이스는 여성들이 "자신의 욕망보다 남성의 욕망을 우선시"하도록 사회화된다는 점을 인정한다. 하지만 그녀는 이 문제에 대한 해결책이 "자신의 '비언어적 신호'를 눈치채지 못했다고" 남성을 원망하는 것이 되어서는 안 된다고 주장한다. 여성들은 언어를 더 많이 활용해야 한다. 즉 "이렇게 하면 내가 흥분돼"라고 말해야 한다. "나는 그렇게 하고 싶지 않아"라고 말해야 한다. 와이스는 '그레이스'에게 손가락을 흔드는 듯한 어투로 이렇게 충고한다.

> "그가 당신이 원하지 않는 무언가를 하도록 압박했다면, 면전에 욕지거리를 내뱉어 주세요. 당신의 두 발로 일어나서 그 남자 집의 문을 열고 밖으로 나가세요."

이와 비슷하게 제사 크리스핀의 팟캐스트 〈퍼블릭 인텔렉추얼〉에서 키프니스는 학생들이 30초 혹은 15분의 나쁜 섹스조차 '극복하지 못하는' 현실을 한탄한다. 그리고 〈더 가디언〉에서 메건 다음은 수많은 여성의 #MeToo 운동에 대한 공식적 지지와 사적 대화 사이의 간극에 대해 다음과 같이 썼다.

"나는 똑같은 페미니스트들이 '좀 어른스럽게 굴어라. 원래 현실은 이런 거야'라고 말하는 것을 듣는다."

이런 말은 연약하고 상처받은 아동과 자신감 넘치고 성숙한 여성의 대비 구도를 강력히 암시한다. 그리고 이 중에서 우리가 어떤 모습이 되고자 해야 하는지는 명백하다.

이러한 페미니즘에서는 모든 여성이 자신 있고 주장이 강한 사람이 되어야 할 의무가 있으며, 무엇보다 상처 입은 사람으로 보여선 안 된다. 사실, 이러한 개인 역량의 체제 속에서는 상처를 느꼈다는 사실 자체가 이미 나약하다는 신호다. 게다가 나쁜 섹스는 주어진 상황 속에 존재할 수밖에 없는 불가피한 특성, 즉 여성들이 체념하고 받아들여야만 하는 잔인하고 고질적인 사실로 구획된다. 이는 90년대에 〈뉴욕 타임스〉가 안티오크 대학의 동의 정책에 대해 논평했던 내용과 공명한다. 〈뉴욕 타임스〉는 청소년기, 특히 대학생 시절은 "실험의 시간이며, 실험이란 실수를 저질러 본다는 뜻이다"라고 발언했다. "젊은이들이 아무도 그런 끔찍한 다음 날 아침을 겪지 않도록 보호해줄 수 있는" 정책, "사람들이 배움을 얻는" 순간을 겪지 않도록 보호해줄 정책은 결코 있을 수 없다.

여기서는 회피적인 표현이 두드러진다. 이렇게 10대의 서투른 실수를 촉촉한 눈으로 향수에 젖어 바라보는 듯한 견해의 대가는 누가 치르는가? 정확히 누가 무엇을 배운다는 말인가? 나쁜 섹스는 누구에게 나쁘며, 어떤 방식으로 나쁜가? 우리는 임신의 위험, 헤프다는 비난, 이중 잣대 등으로 인해 성적 활동에서 남성보다 여성이 훨씬 더 혹독한 대가를 치른다는 사실을 알고 있다.

쾌락 역시 공평하게 분배되지 않는다. 많은 연구에서 남성과 여성의 성적 쾌락과 만족도에는 상당한 격차가 있음을 보여주고 있다. 여성은 성적 어려움, 고통, 불안으로 인해 남성에 비해 더 고통받는다. 여성은 가장 최근의 성교뿐 아니라, 평생에 걸쳐 만족도가 낮다고 보고된다. 섹스에서 90퍼센트의 남성이 오르가슴에 도달하는 반면에 여성은 50~70퍼센트가 도달한다. 2015년에 섹슈얼리티 전문가 데비 허베니크는 질 성교 중에는 30퍼센트, 항문 성교 중에는 72퍼센트의 여성이 통증을 보고했다는 연구를 발표했다. 게다가 여성의 기대치는 충격적일 정도로 낮다. 허베니크는 2018년에 저널리스트 릴리 루프보로에게 '좋은 섹스'라고 할 때, 여성에게 그것은 대개 통증이 없었다는 뜻인 반면에 남성은 오르가슴에 도달했다는 뜻이라고 말했다.

게다가 폭력도 여성에게 불균등하게 영향을 미친다. 일

생 동안 여성 5명 중 1명은 강간이나 강간 미수를 경험하며, 친밀한 관계의 파트너 중 3분의 1이 여성에게 신체적 폭력을 가한다. 이 수치는 유색 여성의 경우에는 더욱 크게 증가한다. 미국 대학의 1학년 여성을 대상으로 한 한 조사에 따르면 1학년을 마칠 때까지 6명 중 1명이 강간 혹은 강간 미수를 당하며, 이런 일이 심하게 술에 취하거나 무력해진 상태에서 벌어지는 경우도 많다고 한다. 이러한 여성 중 상당수가 자신이 섹스를 원하지 않는다고 밝혔음에도 누군가가 자신의 질, 구강, 항문에 삽입을 시도했던 일을 겪었다. 이들 모두가 이 경험을 성폭력이라고 묘사하지는 않는다. 이런 종류의 경험이 있는 여성들 다수를 인터뷰한 버네사 그리고리아디스는 저서 《흐릿한 선》에 이렇게 썼다.

> "그들은 반쯤 벗은 채로 깨어났고 테일러 스위프트 노래를 들으며 맥주를 들이붓듯 마신 이후로는 아무것도 기억하지 못했다. 그들은 이 상황을 뭐라고 불러야 할지 정확히 알 수 없었다."

하지만 그들도 모두 그저 배워가는 과정일지도 모른다. 이 모두가 젊은 날의 불가피하고 어색한 실수일지도 모른다.

키프니스와 와이스 같은 비평가들은 여성은 힘과 행위성을 발휘할 수 있고 발휘해야 한다고 주장하면서 스스로가 진보적이라고 자부한다. 어쨌든 그들은 여성에게 "당신의 두 발로 일어나라"고 독려한다. 하지만 젊은 시절의 나쁜 섹스는 불가피하다고 경쾌한 제스처를 취하면서, 그들은 여성들에게 불평등하게 섹스의 위험을 감당해야 하는 부담을 지운다. 그들은 여성의 쾌락과 자율성을 무시하는 남성의 태도를 불변의 사실로 취급하며, 그것을 다루기 위한 여성의 전술을 필수적인 것으로 여긴다. 그리고 그런 상황을 적절한 배짱으로 대응하지 못한 여성들은 경멸받아 마땅하다고 여긴다.

"'어젯밤에 난 감옥에 갔어야 돼요."

대학생 또래의 젊은 남성 몇몇은 저널리스트 바네사 그리고리아디스에게 동의에 대해 이야기하며 이런 식으로 '자랑'을 늘어놓는다. 저널리스트 페기 오렌스타인은 젊은 남성들이 여성들을 '작살내고', '찢어발기고', '패대기쳤다'는 식으로 이야기한다는 점을 지적한다. 워릭 대학에서 일군의 학생들은 동료 학생 및 친구들을 집단 강간하고 신체를 절단하자는 농담을 단체 메시지로 주고받았다(이 대학은 2019년에 후속 조사를 홍보 담당자에게 맡겼다는 이유로 다시 비난받았다).

이 중 일부는 그저 허세일 것이다. 남성들은 본질적으로 자기들끼리 여성들을 무시하는 말을 한다. 그들은 여성에 대한 상징적 공격성으로 자신들의 이성애 성향을 확인하려

한다. 그러나 여성에 대한 이런 대화가 여성들에게는 어떻게 작용할까? 1993년에 〈뉴욕 타임스〉에서 말한 대로 '사람들'이 나쁜 섹스를 하며 배워가게 마련이라면, 여성과 남성이 배우는 내용은 동일할까? 남성들은 여성의 쾌락 따위 신경 쓰지 않아도 아무 문제없다는 것을 배우고, 여성들은 남성의 쾌락을 자신의 쾌락과 즐거움보다 중시해야 한다는 것을 배울 뿐일 가능성도 충분하다. 자신의 역할은 어떤 대가를 치르더라도 쾌락을 얻는 것뿐이라고 배우는 사람은 누구이며, 섹스의 결과는 혼자서 감당해야 한다고 배우는 사람은 누구인가?

✖　　✖　　✖

동의는 주어진다. 그리고 조지프 피셸이 《놀아난 동의》에서 주장했듯, 적극적인 동의는 적어도 성폭력 법에서는 강압, 저항, 혹은 비동의non-consent라는 기준에 비해 훨씬 덜 나쁜 기준이다. 섹스에 대해 반드시 말이 아니어도 긍정적인 동의를 표하는 최소한의 신호를 요구하는 것은 한 사람의 성적 자율성에 대한 존중을 나타내며, 침묵이나 저항보다 나은 척도다. 하지만 동의는 그것이 할 수 있는 일의 범위가 제한되어 있음에도 이것으로 해결할 수 없는 문제까지 감당해야 한다는, 너무나 거대한 부담을 떠안고 있다.

　동의, 대학 내 성 문화, #MeToo 등으로 혼란을 겪으며 키프니스와 로이프, 와이스 등의 비평가들은 동의한 섹스, 심지어 적극적으로 동의한 섹스의 상당수도 나쁘다는 통찰을 향해 혼란스럽게 나아간다. 동의한 섹스도 비참하고 불쾌하며, 굴욕적이고 일방적이고 쾌락도 없고 고통스럽기 십상이다. '나쁜 섹스'가 무섭고 수치심을 유발하며 기분 나쁘다고 해서 반드시 폭력이 되지는 않겠지만, 법적 개념으로는 이러한 차이를 파악하기 어렵다. 그러나 그들은 그저 이러한 통찰에 매몰된 것처럼 보인다.

설령 나쁜 섹스가 전부 폭력은 아닐지라도 여전히 쾌락의 불평등함이라는 문제는 대단히 중요하게 다룰 여지가 있음에도, 그들은 나쁜 섹스를 규정하는 동학the dynamics을 섬세하게 규명해내지(혹은 충분히 관심을 기울이지) 못한다. 나쁜 섹스는 불가피하다며 자발적으로 체념하거나 심지어 그것을 그저 젊은 시절에 다들 치는 사고로 낭만화하는 대신, 그것을 계속해서 철저히 탐구해야 한다.

나쁜 섹스는, 여성은 성적 활동에서 동등한 행위자가 될 수 없으며 남성은 어떤 대가를 치르더라도 자신을 만족시킬 권리가 있다는 젠더 규범에서 나온다. 이는 성적 지식, 성교육, 성적 보건 서비스에 대한 접근권이 부적절하고 불평등하기 때문에 발생한다. 이는 집단 간에 불평등하게 적용되는 권력의 역학과 유무죄를 판단할 때 작용하는 인종차별적 개념을 서슴없이 이용한다. 나쁜 섹스는 정치적 문제로, 쾌락과 자기결정권의 영역에서 발생하는 불평등 중 하나다. 그리고 이것은 동원 가능한 수단을 사용해서 성생활의 고통에 대응해보려 하는 젊은 여성들의 문제를 개인화하거나 유난스럽다는 태도로 비평하는 데 머무르는 것이 아니라, 신중히 검토해야 할 정치적 문제다.

어쨌든 누구나 그때가 지나면 성장하는 것처럼 말하지만, 나쁜 섹스는 대학생 또래의 초심자들만 하는 것이 아니다. 모든 연령대의 여성들이 비참함과 두려움을 느끼며 섹스를 하고 있다. 오직 대학생에게만 협소하게 초점을 맞춘 섹스 서사로 인해 모든 계층의 여성, 특히 사회경제적으로 취약한 여성들에게 영향을 미치는 불쾌한 섹스와 강압 및 폭력은 간과될 수 있다.

우리에겐 동의에 대한 견실한 비평이 필요하다. 젊은 여성들이 피해자성에 고착되어버렸다고 넘겨짚으며 비방하기 위해서가 아니다. 섹스가 불행한 협상 지점, 가짜 선택지 혹은 생존을 위한 경제적 필수품이 되어버린 모든 여성과 연대하기 위해 비평이 필요하다.

※　　※　　※

2018년 〈뉴욕 타임스〉에서 다프네 머킨은 성적 접촉을 진행하기 전에 동의 여부를 묻는 것은 "본질적으로 서투르고 퇴행적"이며, "에로스적 섹스를 벗겨 없애는 것"처럼 보인다고 썼다. 이렇게 우리는 적극적 동의와 지속적 동의 확인의 필요성을 강조하면 섹스가 과도하게 거래와 계약의 행위가 되어버린다는 견해를 흔히 접한다. 하지만 에로티시즘으로 보기 좋게 포장하면서 섹스에서 합의와 협상이 담당하는 역할을 무시하는 태도는 위험하다. 가령 성노동자나 포르노 산업 종사자에게 계약은 매우 중요하며, 그들에게 제한선에 대한 협상은 그 작업에 내재된 위험을 관리하는 데 결정적인 역할을 한다. 마찬가지로 BDSM[3] 섹스를 수행하는 사람들도 이런 유형의 섹스를 할 때 높아지는 상해나 고통의 위험에 대비하기 위해 합의와 계약에 의지한다.

그러나 많은 사람이 섹스에서 합의, 계약, 거래가 하나의 역할을 담당할 수 있다는 생각에 대해 주저한다. 이는 다름 아니라, 그렇게 하면 섹스가 좀 더 노동처럼 느껴지기 때문이다. 혹은 (돈을 받든 받지 않든) 섹스는 위험의 불평등한 교환인 경우가 많다는 사실을 받아들이는 것과 연관된다고 여겨지기 때문이다. 다시 말해, 그것은 위험 및 상처와 관련한 불균형을 강조한다.

그래서 일부 사람들은 동의의 계약적 뉘앙스가 이러한 불평등을 상기시킨다는 이유로 그것을 껄끄러워한다. 그러나 여전히 적극적 동의가 남성이 섹스를 원하면 여성은 그 요청에 승복하여 동의하거나 굴하지 않고 거부하는 무언가로 표상한다는 이유로 그 개념에 불만을 가지는 사람들도 있다. 이는 섹스를 여성의 단속을 넘어 접근해야 하는 하나

---

3   역자 주: 결박 & 규율, 지배 & 복종, 가학 & 피학 성향의 성애(Bond-age & Discipline, Domination & Submission, Sadism & Masochism).

의 대상으로 위치시킨다. 아무리 적극적 동의라 해도 동의는 여전히 누군가의 제안에 응하는 행위일 뿐이다. *내가 이렇게 해도 될까? 응, 해도 돼.* 이 구조는 최악의 이성애 규범을 고스란히 반영한다. 유명한 데이트 코치인 코넬 배럿은 "상호작용을 이끌고 심화시키는 것은 남성이 해야 할 일이며, 여성이 할 일은 이에 대해 좋거나 싫다고 말하는 것"이라고 쓴다.《강간을 다시 생각하다》에서 앤 카힐은 만일 결혼과 섹스가 여성에게 매력적이고 바람직한 경험으로 보였다면 '우리가 여성의 욕망이 아니라 동의에 대해서나 말하고 있지는 않았을 것'이라고 비꼬듯 지적했다. 동의 문화의 신념은 성적 욕망과 행위성에 관해 그저 일면적 그림의 흔적을 담고 있기 때문에 그것을 거부하는 사람도 있다.

덧붙여 말하자면, 동의 문화 스스로도 이러한 문제를 인식하고 있으며, 그것을 자신의 수사 속에 통합해왔다. 그저 적극적인 데 그치는 것이 아니라 '열정적인' 동의가 되어야 한다는 관념은 성 문화의 기준을 높이기 위한 것이다. 우리는 그저 남성이 주도한 섹스에 여성이 동의하기만을 바라지 않는다. 우리는 여성이 섹스 자체를 원하고, 그에 대해 흥분하며, 여성 자신의 행위성과 요구의 세계로 진입하길 바란다. 따라서 적극적 동의는 보다 야심찬 무언가, 욕망, 쾌락, 열정, 긍정성으로 팽창해간다.

그러나 동의의 문제는 섹스가 결코 계약적인 것이 될 수 없고, 되어선 안 된다는 점이 아니다. 성노동자의 안전은 정확히 계약이라는 관념에 의지하고 있으며, 폭력이 발생한 경우에는 그들이 폭력을 당했다고 이해될 수 있도록 섹스에서 폭력이 가능하다는 관념에도 의지하고 있다.[4] 대신 우리가 섹스에 대해 생각할 때 적용되는 **절대적** 규범으로서 동의에 고착되어 버리는 것(조지프 피셸의 표현에 따르면 동의로 인해 우리가 "자성을 띠게" 되면서 생기는 문제)은 그것이 섹시하지 않다거나 거래적이기 때문이 아니라, 사람으로 살아가는 데 결정적인 측면을 간과하기 때문에 문제가 된다. 그것은 바로 모든 개인이 서로에게 동등한 권력 관계를 가질 수 없다는 점이다. 좋은 섹스와 나쁜 섹스에 대해 고려할 때 동의를 가장 중요한 틀로 생각하는 동의에 대한 고착은, "평등은 그저 존재한다"는 에밀리 A. 오웬스의 표현에서 드러나는 자유주의 판타지에 매달리는 것과 마찬가지다.

여성이 동의한 섹스 중 상당수는 사실 원치 않는 섹스다. 그들은 강압을 받거나, 자신과 가족을 먹여 살려야 했거나, 자신의 안전을 지키기 위해 섹스에 동의하곤 하기 때문이다. 온갖 장소와 온갖 순간의 여성들이 선택의 여지가 없다고 느끼기 때문에 섹스에 동의한다. 남성들이 여성들에게

---

4   게다가 섹스에 동의할 때 욕망과 열정을 동반해야 한다면, 가령 성노동자와 같이 욕망 없이 섹스에 동의하는 경우는 진정으로 동의한 것이 아니라는 의미가 된다. 이것은 그들의 합의에서 가장 중요한 부분, 그들의 폭력을 무의미하게 만든다. 그로 인해 성노동자들을 보호하기 어려워진다.

빚을 지우고 있기 때문에, 위협했기 때문에, 여성들을 약탈하고 집에서 쫓아내고 그들의 이주민 신분을 보고하고 범죄자로 신고해서(가령, 성노동이 불법인 곳에서 성노동자를 신고하는 경우가 여기 해당한다. 경찰관인 대니얼 홀츠클로가 오클라호마에서 성노동에 종사하거나 중요한 영장 및 범죄 기록이 있는 다수의 아프리카계 흑인 여성에게 정확히 이런 행동을 했다) 고통스럽게 만들기 때문에 섹스에 동의한다.

동의에 관한 법률의 다수가 강압에 의하지 않은 동의여야 한다고 제한하지만, 현실에서 여성들은 거절했을 때의 결과가 두려워서 원하지 않는 섹스에 동의하는 경우가 많다. 이렇게 불평등한 권력의 역학 관계 속에서 어떤 일이 벌어지고 있는지를 설명할 수 있으려면 무엇보다도 동의와 열정을 구분하는 것이 매우 중요하다.

불평등한 권력 관계를 고려하면, 제한된 경우에 동의를 통해 섹스와 성폭력을 구분할 수는 있지만 동의만으로 좋은 섹스와 나쁜 섹스를 구분할 수는 없다는 점이 드러난다. 우리는 '동의도 섹시할 수 있다'는 말을 계속 듣는다. 이는 분위기를 깬다며 동의를 비웃는 비판 때문에 나타난 주장일 것이다. 그것은 장난스럽게 밀고 당기며 이루어지는 성적 협상의 일부로 사용될 수 있다고 한다. 웹사이트 엑스오제인닷컴xojane.com은 다음과 같이 조언한다.

"동의가 전희 속에 녹아들게 해야 한다. 파트너끼리 밀고 당기며 희롱하고 장난치고 함께 무슨 일을 할 것인지(그리고 하지 않을 것인지) 서로 확인하면서 동의가 성적 접촉의 필수적 부분이 되어야 한다."

그러나 이러한 전략은 우리가 특정 유형의 파트너, 상대방의 복잡한 자율성을 완전히 존중하는 상대를 전제할 때에만 유효하다. 이는 순전히 여성이 거절이라는 선택지를 충분히 가지고 있다고 느끼는지 여부에 의지하고 있다. 이때의 선택지는 강압에 관한 법적 질문으로 제한되지 않는다. 그것은 무엇보다 함께 있는 그 남성이 싫다는 말을 들을 수 있는 사람인가, 아마도 여성보다 더 강할 자신의 육체적 힘을 남용하지 않고 협상할 수 있는 사람인가, 여성이 성폭력을 거의 신고하지 않으며 신고하더라도 여성에게 불리하게 진행될 가능성이 높다는 사실을 악용하지 않을 사람인가의 여부에 달려 있다. 그 남성은 여성이 얼마든지 싫다고 할 수 있다는 가능성을 인정하며 동의를 구하고 있는가? 그는 싫다는 말을 존중할 수 있는가? 벌컥 화를 내거나, 무시하거나, 설득하거나, 구슬리거나, 괴롭히거나, 처벌하지는 않을까? 남성이 자신의 성적 파트너의 싫다는 말이나 욕망의 변화에 열려 있지 않다면, 그리고 그가 상대의 그런 태도에 굴욕을 느끼고 분노로 대응한다면, 어떤 식의 동의든 아무 소용없게 될 뿐이다. 남성이 자신은 동의를 '얻었다'며 안심하는 와중에도, 여전히 여성은 얼마든지 부당한 대우를 받았다고 느끼며 성적 만남을 마칠 수 있다. 남자는 물어봤고, 여자는 '좋다'고 대답했는데도 말이다.

그렇다고 해서 우리가 동의를 내던져 버려야 한다는 뜻은 아니다. 동의는 너무나 중요하고, 또한 최소한의 기준이다. 그러나 우리가 지닌 해방적 욕망의 무게를 전부 지탱할 수는 없다. 우리는 이 한계를 분명히 인식해야 한다. 동의, 즉 섹스에 합의한다는 것이 성적 욕망이나 즐거움, 열정과 등치되어서는 안 된다. 우리가 나쁜 섹스를 체념하고 받아들여야 하기 때문이 아니라, 정확히 그 반대이기 때문이다. 여성들이 비참하기 짝이 없는 섹스를 너무나 많이 경험한다는 사실은 진정으로 사회적이고 정치적인 문제이며, 동의로 이 문제를 해결할 수는 없다.

✳   ✳   ✳

1996년 스파이스 걸스의 싱글 〈워너비〉는 30개 이상의 나라에서 음반 순위 1위를 차지했다. 뮤직비디오에서는 스포티, 스캐리, 베이비, 진저, 포쉬 다섯 명의 여성이 19세기 양식의 거대한 영국 건축물(런던 세인트 판크라스의 커다란 붉은 벽돌 호텔)에서 난장판을 벌이는 모습을 보여준다. 그들은 영문도 모르는 남자에게 키스하고, 고상한 상류층의 파티를 가로질러 도전적으로 춤을 추면서 여성들 간의 우정과 의리에 대한 노래를 부른다. 그들의 거침없는 자신감을 보여주는 강렬한 포즈들은 이상할 정도로 유치해서 거의 동요 같은 가사와 그렇게 잘 어울리지는 않는다.

스파이스 걸스는 당시에 매우 인기가 높았던 남성 그룹(테이크 댓, 이스트17, 백스트리트 보이스)에 상응하는 여성 그룹을 만들고자 했던 음악 기획자가 결성한 그룹이다. 그리고 스파이스 걸스의 이미지는 옆집 여자아이 같은 친근함에서부터 공연을 통해 주장하는 '걸 파워'까지 모든 것의 혼합이었다. '걸 파워'는 생산적인 방향으로 모호한 관념이었다. 스파이스 걸스의 '진저'였던 제리 할리웰은 한 인터뷰에서, 마거릿 대처는 "우리 이데올로기의 개척자, 최초의 스파이스 걸스였다"고 말할 정도였다.

이 그룹은 오늘날의 자신감 페미니즘의 사촌언니 격인 1990년대의 포스트 페미니즘 경향을 단적으로 보여준다. 포스트 페미니즘은 대체로 경제적인 면에서 페미니즘이 자신의 목표를 달성했으며, 따라서 섹슈얼리티에 관해 더 이상 예민하게 문제를 일으킬 필요가 없다고 보는 관점이다. 포스트 페미니즘은 여성에 대한 새로운 유형의 가시성을 물신화한다. 사회학자 앤절라 맥로비의 표현에 따르면 이제 여성들은 경제적, 사회적 권력의 행위자로 '나서고' 있었다. 영국 언론에는 최고의 성과를 거머쥔 화려한 여성들이 꾸준히 등장했다. 젊은 여성들이 자신의 사업을 시작했고, 기록적인 수의 여성들이 국회의원이나 최고경영자가 되었다.

이 시기는 영국에서 신노동당이 승리를 거두던 10년이었고, 국내외적으로 영국의 이미지가 (이전엔 다소 경직된 것이었다면) 멋있고, 실리에 밝으며 시대를 앞서가는 모습으로 재창조되던 시기이기도 했다. 90년대는 활기차고 적당한 중도좌파 정치가 브릿팝과 최첨단 광고에 녹아 아찔하고 희망찬 칵테일을 이루던 시대였다. 노엘 갤러거는 다우닝가에서 열린 당시 신노동당 총리 토니 블레어의 파티에 참석했고, 진저 스파이스는 영국 국기 무늬의 짧은 원피스를 입었다. 에바 헤르지고바는 원더브라로 부풀린 자신의 가슴을 노골적으로 내려다보았다. 이 원더브라 광고(패션 브랜드 '프렌치 커넥션' 영국 지부의 "FCUK" 광고 시리즈와 1997년 보수당 선거 포스터를 만든 광고회사에서 제작함)는 포스트 페미니즘의 중심 이미지였다. 맥로비가 주장한 대로, 이는 고리타분한 과거를 장난스럽게 상기시켰다. 그 광고는 모든 이가 농담을 하는 가운데, 자신을 스스로 대상화하고 즐겁게 흥청거리며 자신에게 쏟아질 비판을 일부러 놀리는 여성의 모습을 담고 있었다.

그러나 맥로비는 이 시기의 젊은 여성들은 "페미니즘은 사라질 것이라는 조건 하에서 앞으로 나설 수 있었다"고 주장했다. 물론 대중문화의 조명을 받는 젊은 여성들은 특정 유형, 즉 서구의 백인뿐이었다. 스파이스 걸스에 유색 여성이 단 한 명이고, 그녀의 예명이 심각하게 인종차별적인 '스캐리scary'인 것은 우연이 아니다. 또한 〈워너비〉 뮤직비디오에서 젊은 여성들의 당돌함과 당당함이 매력적으로 보이도록 연출되고 있는 것도 우연이 아니다. 그들은 노숙자 남성의 머리를 헝클어 놓은 뒤 모자를 가져간다. 이 시기에 경제적으로 부유하고 사회적으로 성공한 모습으로 그려지던 젊은 여성의 재현은, 성차별에 진보적이라고 주장하는 서구 세계와 전통적이고 억압된 '타자(대개 온몸을 가린 무슬림 여성으로 재현된다)'를 대조시킨다.

동의는 적극적이고 열정적이어야 한다는 재구성이 이 포스트 페미니즘의 시기에 뿌리를 내린 것도 우연이 아니다. 포스트 페미니즘은 성적 적극성과 성에 대한 긍정적 태도, 자신을 욕망의 대상으로 보는 동시에 욕망의 주체라고 주장하면서 얻을 수 있는 활기찬 쾌락을 강조한다. 자신의 욕망을 요란하고 도전적으로 선언하지 못하는 여성은 인격적으로 부족한 사람이다. 그런 여성은 성적인 역량을 갖춘 당대의 이상적 주체를 향해 앞으로 나아가기보다는 케케묵고 냉담한 페미니즘에 머물러 있다. 그러면서 섹스에 대한 뜨거운 열정은 성공, 자존심, 권력의 표지가 된다.

포스트 페미니즘이 풍미한 이 시대에 여성이 성적 자유를 누릴 수 있어야 한다는 지극히 타당한 주장, 나아가 자신의 욕망을 큰소리로 선언할 수 있어야 한다, 변태적이고 욕망이 넘치며 언제든 할 용의가 있어야 한다는 주장은, **여성은 그런 존재이며 그래야만 한다**는 한층 수상한 주장으로 빠져버렸다. 그리고 이러한 주장의 어떤 부분, 즉 성적 평등이라는 명분하에 여성은 반드시 자신이 원하는 바를 얻어내야만 하고, 저돌적이고 솔직하며 수치심이 없어야 한다고 강조하는 이러한 주장은 적극적이고 열정적인 동의를 해야 한다는 캠페인에 반영되었다.

당시와 현재의 비평가들, 그중에서도 케이티 로이프와 로라 키프니스는 동의 문화가 성적 소심함과 두려움을 조장하는 상황을 우려해왔다. 그와 달리 나는 현재의 동의 수사가 비천한 존재로서의 성적 불확실함과 두려움에 대한 포스트 페미니즘의 관점, 다시 말해 성적 주저함은 고리타분한 것이라고 규정하던 관점에서 무언가를 받아들였다고 주장한다. 동의 문화에서 현대적이고 역량을 가진 성적 주체가 되려면, 누구든 자신의 욕망을 자신 있게 큰소리로 말할 수 있어야 한다. 침묵은 여기 우리와 함께할 수 없다. 침묵은 과거와 그 옛날 비천하던 여성 주체에게나 해당하는 말이다.

✕　　✕　　✕

여성을 위한 안전 조언과 강간 예방 캠페인은 언제나 여성을 이미 성폭력의 피해자로 재현하며, 주로 가해자보다는 이 피해자 여성들을 대상으로 하는 경향이 있었다. 당신은 여성에게 강간당할 위험을 낮추기 위해 술을 마시지 않거나 늦은 밤에 혼자 걸어 다니지 않는 등의 전략을 개발하라고 독려하는 포스터를 본 적이 있을 것이다. 2015년 벨파스트 경찰의 책자에는 "술은 제1의 강간 약물입니다. 벌써 몇 잔이나 드셨나요?"라는 질문이 적혀 있다. 이는 여성들에게 '사리 분별을 못 할 정도로 취하지 말라'고 요구한다. 이 책자는 '현명하게 처신해서, 당신이 원하지 않는 섹스라면 싫다고 말하라'고 권한다. "자신의 의사를 분명히 밝히라"고 엄중히 훈계하며, 이 경찰력은 동의에 대한 의무를 확실히 완수한다.

이런 종류의 조언은 강간을 가차 없고 비인격적인 힘으로서 도처에 널려 있어 피할 수 없지만, 기이하게도 개별적 강간범과는 엮여 있지 않는 것으로 묘사한다. 그것은 각각의 여성들이 '자기 순서를 기다리고' 있는 것처럼 상황을 표현한다. 위험 연구자 레이철 홀의 표현을 빌리자면 "근면한 두려움"을 요구한다. 여성은 불가피한 사태를 "지속적으로 대비"하고 있어야만 하며, 불변의 현실로서 그저 존재하고 있는 위험을 책임 있게 관리해야 한다.

페미니스트 운동가들은 여성을 대하는 이러한 양식에 반대해왔다. 이들은 소셜 미디어에서 이러한 전술을 뒤집어 제시하면서 큰 화제를 모으기도 했다. 하지만 위의 경찰 책자에서 볼 수 있듯, 이러한 사고방식은 좀처럼 사라지지 않는다. 게다가 의아하게도 동의 담론 역시, 본인들은 인정하려 하지 않겠지만 이러한 안전 담론에 더욱 가까워지고 있다. 그것은 또한 어떻게 강간을 막을 수 있는가의 질문을 비켜나가, 개별 여성의 위험 관리로 향한다.

차이가 있다면, 이제는 이러한 위험 담론이 다루는 개별 여성들이 거침없이 자신감 넘치는 이상화된 성적 주체로 제시된다는 점이다. 이 여성들은 자신을 잘 알고, 직설적이고 분명하게 말하며, 자신의 취약성을 부정한다. 그들은 당당한 자기 지식을 갑옷으로 활용하여 스스로를 보호한다. 그들은 자신의 취약성을 막기 위한 하나의 방편으로 자신이 취약하지 않다고 주장한다.

이 취약성이 문제의 핵심이다. 내가 지금까지 검토한 비평가들은 동의 문화가 여성을 취약하게 만들며 그들의 행위성을 부정한다고 보았다. 나는 동의 수사가 여성이 폭력에 취약하다는 사실, 다시 말해 여성에 대한 폭력이 만연해 있다는 사실을 받아들인 뒤, 그에 대응하기 위해 여성들을 취약하지 않은 존재로 만들려 한다고 본다. 동의 문화는 취약성을 인정하는 동시에 부정한다. *당신은 취약하다. 따라서 당신은 강해져야 한다. 당신은 망쳐질 수 있다. 따라서 당신은 망쳐질 수 없는 존재가 되어야 한다. 당신은 반드시 철갑으로 무장하여 구멍 하나 낼 수 없는 존재가 되어야 한다.* 욕망에 대한 자기 지식을 촉구하는 열정적 수사는 그것이 여성을 취약하게 묘사하기 때문이 아니라 그것이 취약성에 대한 공포를 드러내기 때문에 문제가 된다.

물론 이러한 수사적 운동에도 유용한 부분이 있다. 자신을 약함이 아니라 권력과 연결시키는 것은 뿌듯한 일이다. 그러나 그것은 동시에 고통스러운 대가를 수반하게 마련인 보호적 기능을 발휘한다. 샤넬 밀러는 저서 《디어 마이 네임》에서 강간이 육체적 쾌락에 관한 자신의 능력에 미친 효과를 유려하게 서술했다(브록 터너는 스탠퍼드 대학의 남학생 사교 파티에서 밀러를 강간했다).

> "강간은 뚫을 수 없는 단단한 나무가 되고 싶게 만든다. 그
> 것은 연하고 투과할 수 있고 부드러워야 하는 몸의 정반대
> 상태이다."

자신을 단단하게 만드는 것이 폭력에 꼭 필요한 대응, 혹
은 폭력에 직면했을 때 꼭 필요한 전략인 경우도 있다. 아마
도 강간의 두려움은 영원히 쫓아다니는 유령처럼 우리의 생
각이나 관념도 단단하게 만들 것이다.

이렇게 단단해지는 것이 바로 로이프나 키프니스 같은
비평가들이 주장하는 바다. '대학 내 성 문화'나 #MeToo 운
동을 비판하며 그들은 자신감 페미니즘의 관점에서 용납할
수 없고 수치스럽다고 여기는 유형, 즉 다칠 수 있는 여성들
을 쫓아낸다. 《다음 날 아침》에서 로이프는 견딜 수 없다는
말투로 '혼자 베개에 대고 소리를 지르거나 도움이나 상담
을 애원하지 않고는 남성을 통제하지' 못하는 여성을 묘사
했다. 취약함에 대한 로이프의 거부감은 "트라우마와 위기
로 눈물짓는 마을"이라는 구절에서 생생하게 전해진다.

이러한 설명은 자신이 원하는 바를 잘 알고 있고 그것을
온 세상에 외칠 수 있는 이상적이고 대담한 여성에게 특권
을 부여한다. 이들은 자신 있게 자신의 욕망에 다가가고 그
에 대해 말하며 세상의 권력과 쾌락의 불균형 따위는 그저

옆으로 제쳐둘 수 있는 여성이다. 그렇지만 여기엔 역설이 있다. 동의 수사의 **집요하게 긍정적인 언어와 이 비평가들의 집요하게 경멸적인 입장은 둘 다** 어떤 대가를 치르더라도 약함과 불안정함을 기피하겠다는 포스트 페미니즘과 자신감 페미니즘에서 나왔다. 이는 자기표현과 건방진 자신감의 포즈가 필수적이고, 개별적 자기 노력self-work으로 성폭력을 예방할 수 있다고 주장하는 경향이다. 강간 문화와 그에 대한 대응은 사적인 문제가 된다.

그러나 이따금 갑옷 안에 숨겨진 복잡성이 얼핏 드러난다. 2020년에 출간된 《권력 메모장》에서 로이프는 자신의 글과 개인적 삶 속에서 내가 지금 논하고 있는 바로 이 동학을 점검한다. 이 책이 자신의 이전 견해를 완전히 철회하려는 내용은 아니기에 로이프는 2018년에 자신이 #MeToo 운동을 비판하며 표했던 우려 중 상당 부분을 되풀이하지만, 여기서는 첫 번째 책에서 논하지 않았던 부분을 탐구한다. 그것은 권력을 향해 자신이 매진해야 했던 '기어오르기'와 주변의 위축된 여성들에게 불만을 투영하며 **취약한 여성이 되지 말라고** 자신에게 퍼부었던 맹렬한 요구였다. 로이프는 "내가 20대에 썼던 글들이 거짓말은 아니었다. 그것은 내 바람이었다"라고 서술한다. 강인함과 취약함이 꼭 제로섬 게임은 아니라는 점을 로이프도 인정하게 된 듯하다.

x   x   x

재판에서 하비 와인스타인을 변호한 변호사 다나 로터노는 2020년의 한 인터뷰에서 다음과 같이 말했다.

> "여성들은 자신의 의도를 매우 분명히 밝혀야 합니다. 그리고 자신이 처하기로 한 상황에 대비해야 합니다."

비슷하게 동의 담론은 여성에게 섹스에 앞서 자신의 욕망을 파악하고, '자신이 원하는 것과 파트너가 원하는 것을 알아야' 한다고 요구한다. 자기 지식에 대한 이러한 명령이 얼마나 유효할까? 이것은 정확히 누구를 위한 명령인가? **와인스타인의 변호사와 동의 운동가들이 모두** 우리에게 자기 지식을 요구한다는 점에 대해 우리는 잠시 멈춰 생각해보아야 한다.

법학자 니컬러스 J. 리틀은 2005년 논문에서 적극적 동의를 주장하며 "데이트 상대가 여성에게 성적으로 접근할 때, 여성은 성관계를 원하거나 원하지 않을 것이다"라고 썼다. 그러나 어떤 여성, 여자 엑스나 그레이스나, 아마도 당신과 나와 같은 여성은 섹스를 원하는 것도 아니고 원하지 않는 것도 아닐 수 있다. 그 여성은 이렇게 확연한 입장들 사이를 맴돌고 있을지도 모른다. 우리가 항상 욕망에서부터 시작하는 것은 아니다. 그것이 항상 알 수 있을 만큼 존재하는 것도 아니다. 섹스를 고려할 때 여전히 동의의 규칙만으로는 충분하지 않다. 그것은 반드시 인정해야 할 매우 중요한 지점을 얼버무리고 넘어가기 때문이다. 그것은 바로 우리가 자신이 원하는 것을 항상 알지는 못한다는 점이다.

우리가 섹스에서든 다른 상황에서든 자신이 원하는 것을 알고 있다는 관념을 받아들이게 된 것은 언제일까? 동의의 수사는 너무 자주 욕망이 언제나 대기하고 있으며, 우리 안에 완전히 형성되어 있고 언제든 우리가 꺼낼 수 있는 무언가라고 암시한다. 그러나 우리의 욕망은 상호작용 속에서 나타난다. 우리가 자신이 원하는 바를 항상 아는 것은 아니다. 자신이 원했는지도 몰랐던 것을 발견할 때도 있다. 무언가를 하는 중에서야 비로소 자신이 원하는 것을 알아차릴 때도 있다. 자신이 원하는 것을 항상 알지는 못하며 항상 말할 수도 없다는 사실은, 거추장스럽다며 옆으로 치워버리지 말고 섹스의 윤리에 반드시 포함해야 한다.

✄   ✄   ✄

그리고 동의가 우리가 얹어둔 부담을 감당할 수 없는 또 하나의 중요한 이유는, 동의는 여성의 쾌락과 안전에 대해 실현 불가능한 조건을 요구하기 때문이다. 욕망은 불확실하고 불안정하며 서서히 드러난다. 욕망이 불안정한 이유는, 그것이 여성이 자신을 온전히 파악하지 못할 가능성, 여성이 온전히 확신하지 못하는 상황을 이용하여 남성이 여성을 강압하거나 괴롭힐 가능성을 만들기 때문이다. 그렇다면 결국 우리는 욕망의 이러한 측면을 부정해야 할까? 그렇지 않다. 안전을 지키기 위해 성적 욕망이 미리 고정되어 있거나 파악되어 있다고 고집해선 안 된다. 이는 폭력이 섹슈얼리티를 인질로 잡아두게 만들 뿐이다.

우리는 자신이 원하는 것을 항상 알지는 못하며, 우리의 욕망을 항상 분명히 표현하지도 못한다. 한편으로는 폭력, 여성 혐오, 수치심 때문에 욕망을 발견하거나 표현하기 난감한 부분도 있다. 그러나 사회적이고 창발적이며, 맥락과 역사, 다른 사람의 욕망과 행동에 반응적인 상태가 욕망의 본성이기도 하다. 우리는 사회적 존재다. 그리고 우리의 욕망은 언제나, 최초의 순간부터, 우리에게 우호적이거나 우호적이지 않은 사람들과의 관계 속에서 나타났다. 욕망은 결코 고립되어 존재하지 않는다. 이것은 또한 섹스가 흥분되고, 풍부하며, 의미 있는 잠재력을 가질 수 있는 이유이기도 하다. 이 사실을 마비시키는 것이 아니라 북돋우는 방법은 무엇일까?

논평가들이 섹스와 동의를 둘러싼 '새로운' 풍경에 대해 논할 때면, 섹스를 할 때 왜 남성이 '여성의 마음을 읽을' 수 있어야 하냐고 애처롭게 묻곤 한다. 내 질문은 다르다. 자신의 마음을 파악하는 것이 그토록 신빙성 없는 목표라면, 왜 여성에게 자신의 마음을 알아야 한다고 요구하는가? 자기 지식은 여성의 섹슈얼리티뿐 아니라 모든 섹슈얼리티에서 신뢰할 수 있는 특성이 아니다. 사실 그것은 인간으로 존재하는 데에도 신뢰할 만한 특성이 아니다. 그렇지 않다고 고집하는 것은 치명적인데도, 이 가정은 너무 오랫동안 통용되며 쾌락, 즐거움, 자율성, 안전에 대한 논의의 장애물이었다.

앞으로 우리의 섹스가 다시, 혹은 처음으로 좋아지길 원한다면, 우리는 이 주장을 거부하고 다른 곳에서 출발해야한다. 동의의 형식을 이리저리 뜯어고치며 거기에 윤리적부담을 과도하게 쌓거나, 보다 안전한 세계를 만들고 자신들의 쾌락을 더욱 중시하는 세계를 만들기 위한 여성들의 시도를 비난하는 대신, 우리는 욕망의 불확실성을 부정하기위해 안간힘을 쓰지 않는 섹스의 윤리를 정확히 밝혀내야 한다. 성적 윤리라는 이름에 합당한 윤리가 되려면 모호함, 불투명함, 알지 못함을 허용해야 한다. 우리는 바로 위험하고복잡한 다음의 전제에서부터 출발해야 한다. 폭력에서 안전하기 위해 우리가 반드시 자신을 알아야 할 필요는 없다.

2

욕망에 대하여

온라인 라이프스타일 포털사이트인 '애스크맨'의 작가 콜린 싱어는, 성적 욕망과 관련하여 남성은 일반적으로 '예상적'인 반면에 여성은 일반적으로 '반응적'이라고 말했다. 그녀는 대부분의 남성은 보통 성적 활동을 하기 전에 섹스에 대한 욕구나 성적 흥분을 느끼며, 그런 뒤 실제 섹스를 찾아 나선다고 설명한다. 여성들은 정말로 '남성의 섹슈얼리티라고 알려진 무작위로 아무렇게나 돌아다니는 발정 상태'를 경험하곤 한다. 그러나 반대로 '반응적 섹슈얼리티', 즉 '낭만적이고 성적인 접촉이 일어나는 특정 순간'에 촉발되는 욕망을 경험하는 여성들도 많다.

앞으로 더 보게 되겠지만, 이러한 입장은 최근에 여성이 주도하여 진행한 섹스에 대한 조사에서 나온 것이다. 그러나 조사 결과는 여성과 남성의 차이에 대해 진부한 것까진 아니더라도 상당히 표준적인 관점을 반영하고 있다. 이는 또한 남성들에게 '책임지고' 여성들을 침대까지 데려가는 기술을 가르쳐주는 픽업 아티스트들이 지지하는 관점(이들의 조언은 섹스 및 관계에 대한 다른 형태의 조언과 놀라울 정도로 유사하다)이기도 하다. '픽업 아트'를 설명한 베스트셀러 작가 닐 스트라우스는 저서 《더 게임》에서 다음과 같이 말한다.

"남성에게는 〈플레이보이〉의 표지만 보여줘도, 모든 준비가 끝난다. 사실 씨를 뺀 아보카도만 보여줘도 준비가 끝난다. 반면에 여성은 직접적인 이미지나 말로는 쉽게 설득되지 않는다."

이 말에 따르면 여성은 아마도 설득이 필요하고, 시간도 오래 걸리는 듯하다. 남성은 빠르고, 여성은 느리다.

남성과 여성의 섹슈얼리티를 매우 다른 두 가지의 힘으로 구분하고 이 차이를 진화론의 관점에서 설명하는 것은 흔한 일이다. 이러한 주장에 따르면, 남성은 성적으로 훨씬 적극적인데, 이는 자신의 씨를 퍼뜨리려는 남성의 오랜 진화 역사에서 비롯된 것이다. 여성의 경험에서 섹스는 덜 중요하거나 긴급한, 사실상 덜 성적인 자리를 차지한다. 여성의 진화적 역사는 그들이 아이를 키우기 위해 필요한 친밀성, 안전감, 책임감을 줄 수 있는 믿음직한 파트너를 찾는 방향으로 동기를 부여하기 때문이다. 남성에게는 깊숙하고 비합리적이며 심지어 이성 이전에 존재하는 성적 충동이 있는 반면에 여성에게는 섹슈얼리티가 그들의 인격과는 별개로 **외부**에 있으며, 오직 다른 사람이나 더 중요한 목표(모성 등)를 위해 도구적이고 전략적으로만 동원된다.

추정적인 진화의 역사는 실제로 어떤 특정한 성적 행동도 만들어내거나 정당화하지 않는다. 섹스에 대해 논할 때 진화의 역사가 각광받는 것은 대개 현대의 성적, 사회적 합의를 (과학적 입장을 살짝 묻혀서) 합리화하기 위해서다. 그리고 상당히 이분법적인 이 남성과 여성의 섹슈얼리티라는 개념은 남성의 폭력은 불가피하다는 관점과 밀접하게 붙어 있다.《더 게임》에서 스트라우스는 자신과 동료인 '미스터리(픽업 아티스트의 세계에는 터무니없는 별명이 많다)'가 서툴고 사회적으로 미숙한 남성들에게 가르치는 기술이 사람을 조종하는 기술이라는 윤리적 문제에 대해 깊이 고민한다. 그는 스스로에게 다음과 같이 말하며 이 문제를 말끔히 합리화한다.

> "꾸준히 신문이나 논픽션 범죄 르포를 읽는 사람이라면 다들 알겠지만, 납치부터 총기 난사까지 폭력 범죄의 상당한 비율이 남성의 좌절된 성적 충동 및 욕망으로 인한 결과다. 따라서 미스터리와 나는 이러한 유형의 남자들을 사회화시켜주면서 이 세상을 더 안전한 곳으로 만들고 있다."

남성에게는 성적 배출구가 필요하며, 배출하지 못하면 그들은 폭력적으로 변한다는 것이다.

✖　✖　✖

2014년, 22세의 엘리엇 로저가 캘리포니아 대학 샌타 바버라 캠퍼스UCSB 인근에서 여섯 명을 죽이고 열네 명을 다치게 한 사건을 벌이기 전에, 그는 한 유튜브 영상에서 이렇게 말했다.

"왜 여자들이 나를 좋아하지 않는지 모르겠지만, 그 죄로 내가 너희들을 전부 처벌할 거야 … 너희들을 싹 다 죽여 버리면 기분이 정말 좋겠지 … 너희들이 나의 행복한 삶을 빼앗아갔으니 이제는 내가 너희들의 목숨을 전부 가져갈게. 그래야 공평하니까 … 여자들이 내게서 섹스를 박탈한 죄를 지었으니 나는 여자들을 전부 처벌할 거야."

샤넬 밀러가 회고록 《디어 마이 네임》에서 썼듯(밀러는 로저가 살인 행각을 벌이던 당시 UCSB의 학생이었다), "섹스는 그의 권리이자 우리의 책임이었다."

여성이 섹스를 해주지 않으면 폭력이 닥쳐올 수도 있기에, 폭력을 미연에 방지하기 위해서라도 여성은 남성에게 섹스를 빚지고 있다. 2019년 가수 알 켈리가 10대 여성에 대한 열 건의 가중 성학대 혐의로 법정에 나타났을 때, 그의 변호사는 기자들에게 켈리가 여성들을 성적으로 학대하지 않았다고 말했다. 이유는 이렇다.

"그는 대스타입니다. 합의 없는 섹스를 할 필요가 없는 사람이에요."

만일 남성이 오직 좌절한 성욕으로 인해, 이제껏 제대로 충족되지 못한 성적 충동으로 인해 범죄를 저지른다면, 여성은 그들과 섹스를 해야 할 의무가 있다. 따라서 남성들이 좌절된 성욕 때문에 강간을 저지른다는 믿음은 여성에게 섹스를 강제하면서 그것을 여성 자신이나 다른 여성의 강간을 예방하기 위한 일로 정당화한다.

　남성의 욕망을 심대한 충동으로 보는 견해에 동의하는 모든 남자가 여성 혐오적 살인 난동을 저지르거나 젊은 여성을 학대하는 것은 아니다. 하지만 이제 더 이상 '정액의 경제학'[1]을 믿지는 않는다 해도, 어떤 여성과 신체적으로 가까워지고도 그녀와 섹스를 하지 않으면 남성은 "성욕을 해소하지 못해 통제 불능의 폭력을 저지르기 직전에 이르기도 한다"(1874년 앤드루 잭슨 데이비스의 말)는 생각의 현대적 버전은 상당히 흔하게 접하게 된다. 미투 산얄은 이것을 남성 섹슈얼리티의 '증기 보일러 모델'이라고 묘사한다. 이 모델에 따르면 남성의 욕망은 과열된 엔진과 같아 스위치를 내려 전원을 끌 수 없으며, 그 엔진을 달아오르게 만든 뒤 '어떤 결과로 이어질지 예상하지' 못해서는 안 되는 만큼 여성은 반드시 주의해야 한다. 뭘 주의해야 한다는 것일까? 폭력은 필연적으로 여성에게 향한다. 그녀가 예방하지 못했을 폭력이다. 《있는 그대로 오라》에서 에밀리 나고스키는 생물

1　역자 주: 자위 행위로 정액을 낭비하면 남성이 생식력을 상실한다는 19세기 의학 담론.

학적 충동으로서 남성의 성적 욕망이라는 개념을 다음과 같이 표현했다.

"유독하고 빠르다."

이런 불행한 상황에 대한 한 가지 반응은 여성도 **남성처럼** 심대하고 리비도적이며 갈급한 욕망을 가지고 있다고 주장하는 것이었다. 여성도 남성과 똑같이 본질적으로 욕정이 넘친다. 여성이 성적 문제에서 평등을 원한다면, 그들 자신의 욕정을 인정하고 수용해야 한다. 그러나 여성의 성적 해방, 나아가 여성의 해방 자체가 섹슈얼리티가 남성과 똑같아지는 데 달려 있단 말인가? 제2차 세계대전 후 진행된 성 연구에서는 이 문제에 대한 답이 분명했다. 성적인 평등은 동일성에 있다.

✖　　✖　　✖

윌리엄 마스터스와 버지니아 존슨은 전후 시기에 가장 영향력 있는 두 명의 성 학자였다. 1950년대와 60년대에 세인트루이스에 있는 워싱턴 대학의 한 실험실에서 그들은 부지런히 혹은 남몰래 여성 및 남성 지원자에게 전극을 붙였다. 그들은 성행위 중인 피험자의 생리적 과정(심박수와 체온 등)을 관찰했다. 더불어 개인 및 커플이 손이나 진동기계로 자위를 하는 상황, 각기 다른 체위로 섹스를 하는 상황, 투명한 남근 즉 유리 딜도(재미있게도 이것의 이름은 율리시스였다)로 '인공적 성교'를 하는 상황, 성기 접촉 없이 가슴만을 자극하는 상황에서도 피험자들을 관찰했다. 율리시스는 안에 내장된 카메라와 조명으로 여성의 오르가슴 동안 질 내부에서 일어나는 일을 기록했다.

마스터스와 존슨은 성에 대해 극심한 이중 잣대가 존재하던 시기에 연구를 수행했다. 당시 미국은 전후 보수주의가 심각하던 시기로 여성의 가사, 가족, 모성의 의무가 끝도 없는 수준까지 강조되고 있었다(TV 프로그램에서 '임신'이라는 단어마저 '삐' 소리로 지워버리던 시기였다). 1966년에 출판된 그들의 저서 《인간의 성 반응》은 의도적으로 전문 용어가 많고 무거운 스타일("자극 요소는 성적 긴장의 충분한 증가를 형성하는 중요 요인이다")로 서술되어 있었다. 게다가 마스터스와 존슨이 책이 출간될 때까지 자신들의 연구에 대한 보도를 미뤄달라고 언론을 설득했음에도 불구하고(혹은 설득한 덕분에) 초판인 1만 5,000부가 사흘 만에 다 팔리고 6개월간 〈뉴욕 타임스〉 베스트셀러 목록에 올랐다. 연구가 발견해낸 바는 폭발적이어서, 비평가 앨버트 골드먼은 이 책에 담긴 "가장 지울 수 없는 이미지, 여성이 기계라는 수단을 이용해서 자신과 짝짓기하는 이미지"에 대한 불편함을 토로할 정도였다.

그들이 발견한 내용의 핵심은 '인간의 성 반응 주기' 가설이었다. 성적 활동에는 남녀 모두에게서 보편적으로 나타나는 주기가 있다는 가설이다. 이 주기는 흥분, 오르가슴, 고조, 해소의 네 가지 단계로 이루어져 있다. 또한 여성의 쾌락에서 클리토리스가 결정적으로 중요(쾌락을 핵심적으로 결정하는 요소는 아니지만)하다는 점과 질과 클리토리스가 서로 연결되어 있고 상호 반응적이라는 사실도 중요했다.

마스터스와 존슨은 클리토리스를 강조했던 20세기 최초의 성학자는 아니었다. 1953년에 출간한 《인간 여성의 성적 행동Sexual Behavior in the Human Female》에서 앨프리드 킨제이도 의학 및 해부학 문헌을 검토한 결과에 근거하여 클리토리스가 여성 섹슈얼리티의 중심이라고 제안했었다. 그러나 그는 일반적으로 숭배되던 질 오르가슴을 폐위시키려는 시도에서, 질에는 신경이 없으며 그렇기에 감각도 없다고 주장하기도 했다. 마스터스와 존슨은 직접적 관찰을 근거로, 여성의 가장 강렬한 오르가슴은 남성과의 성교를 통해서가 아니라 자신이 자극의 유형과 강도를 조절할 수 있는 자위를 통해서 발생한다는 결론을 내렸다. 그리고 킨제이와 달리 마스터스와 존슨은 질이 매우 민감하며, 성적 흥분과 음경 삽입 및 클리토리스 자극에 반응하면서 능동적으로 변화한다고 주장했다.

클리토리스와 질 모두가 강렬한 쾌락의 원천이 될 수 있다는 이러한 '발견'에 별로 놀라지 않는 여성도 많을 것이다. 그럼에도 그들로 인해 이 사실이 과학적으로 뒷받침된 저작물로 안치된 것은 중요한 순간이었다. 질 삽입 섹스는 필수적이지 않고 어쩌면 남성도 필요하지 않을 수 있다는 이 발견에 담긴 의미는 충격적이었지만, 마스터스와 존슨은 여성과 남성의 섹슈얼리티가 본질적으로 유사하다고 주장하면서 (아마도 전략적으로) 그 영향력을 완화할 수 있었다. 그들은 두 가지 수준에서 이러한 유사성을 강조했다.

첫 번째는 생리학의 수준이다. 발기와 애액 분비는 본질적으로 동일한 과정이며 사정과 오르가슴도 마찬가지라는 것이다. 성적 반응 주기에 따른 진행은 여성과 남성에게 동일하며, 오르가슴에 도달하기까지 남녀 모두가 심박수 및 체온의 상승을 보였고, 피부색이 달라지고 근육이 경직되며 홍조가 생겼다. 오르가슴에 다가가며 호흡이 가빠지는 반응이나, 오르가슴 동안 근육이 수축하는 비율도 여성과 남성이 동일했다.

유사성의 두 번째 영역은 욕망의 수준이었다. 마스터스와 존슨은 여성의 성적 욕구를 남성과 똑같은 기반에 올려두고자 했으며, 그러기 위해 남녀 모두가 섹스에 대한 생물학적 충동을 비슷하게 가지고 있다고 주장했다(더 정확하게 말하자면, 가정했다). 그들은 명시적으로든 암묵적으로든 여성도 성적 욕구와 능력과 욕망을 가지고 있다고 반복해서 강조했다. 그들은 음경과 클리토리스가 지닌 능력 및 필요 속에서 명시적, 암묵적인 유사성을 밝혀냈다. 그리고 남성들이 음경을 자극하지 않고 섹스를 할 수 있다고 생각하지 않듯이, 여성들도 클리토리스에 관심을 두지 않는 섹스를 생각하거나 그런 섹스를 용인해서는 안 된다고 했다. 마스터스와 존슨이 강조하는 이 둘의 유사성은, 클리토리스를 작은 음경(훨씬 팔팔한 이 기관의 시시한 사촌이라는 듯)으로 보기보다 클리토리스의 중요성을 드러내는 근거였다. 그들은 클리토리스에 남근적 의미를 부여한다.

사실 마스터스와 존슨은 그들의 발견이 더 복잡한 그림을 제시할 때조차 동일성을 주장했다. 그들의 연구에서 여성은 오히려 남성보다 더 욕망이 강하거나 성적인 모습을 보였다. 클리토리스 자극에 따른 쾌락의 강도와 오르가슴은 음경 자극에 따른 남성의 강도를 능가하고, 여성들은 다중 오르가슴을 느낄 수 있는 능력이 있다고 나타났으며, 불응기로 넘어가기 전에도 남성보다 훨씬 오랫동안 오르가슴과 비슷한 수준에 머물러 있다. 따라서 여성은 적어도 원론적으로는 섹스에 대한 생리학적 능력이 남성보다 훨씬 더 뛰어나다.

그러나 이 두 성 학자는 이러한 차이점에 대해 깊이 생각하거나 추론하지 않았다. 그들에게 생리학적 측면에서 남성과 여성의 차이라는 관념은, 여성의 쾌락을 남성의 쾌락에 종속시키는 보수적 정신분석학의 섹슈얼리티 모델과 연관된 구식 의견이었다. 마스터스와 존슨에게 성적으로 진보적인 사상이란 유사성에 의존해 있었다. 평등은 동일성이었다. 이는 욕망의 과학으로 입증된 정치적 주장이었다.

✖   ✖   ✖

마스터스와 존슨은 스스로 페미니스트를 자처하지는 않았다. 그들은 자신의 발견을 전통적 이성애 일부일처제 및 결혼의 틀 안에 단단히 위치시켰다. 그럼에도 그들은 여성의 섹슈얼리티를 둘러싼 과거의 정통적 신념에 반대하고 있었다. 20세기 전반에는 수많은 전문가들이 여성의 섹슈얼리티가 근원적으로(거의 형이상학적으로) 남성과 다르다는 관점을 발전시켰다. 특히 1910년대부터 새로운 세대의 결혼 전문가들은 부부 생활 지침서를 통해 쾌락이 부부와 사회의 유대를 공고히 할 수 있다고 강조했다. 이런 책자들은 여성과 남성의 섹슈얼리티는 극명하게 다르다고 주장했다. 1930년, 헬레나 라이트는 《결혼에서 섹스라는 요소》에서 다음과 같이 썼다.

"남성의 성적 감정은 쉽고 빠르게 일어나며 빠르게 만족되지만, 여성의 욕망은 빠르게 생기지도 빠르게 만족되지도 않는다."

그리고 서툴고 고통스러운 결혼 첫날밤은 여성의 성적 잠재력을 영원히 꺾어버릴 수 있다고 했다. 여성의 쾌락의 역할은 약하고 위험했다. 작가들은 여성의 해방된(그래서 잠재적으로 파괴적이고 걷잡을 수 없는) 섹슈얼리티와 길들여진(그리고 잠재적으로 제약된) 섹슈얼리티 사이에서 균형을 찾기 위해 열심히 노력했다.

1937년에 한 성 학자가 쓴 글에 따르면, 아내는 "예민한 성욕의 잠재성"을 가지고 있으며, 남편은 이를 인내심과 온화함을 가지고 "기꺼이 자극하고 유지해야" 한다. 여성의 쾌락은 능숙하고 세심한 남편이 이끌어내야 한다. 그는 여성의 욕망을 신중하게 잘 구슬려서 아내를 욕망의 거친 바닷속으로 인도해야 한다. 남편은 스승이며 아내는 제자다. 이러한 책들은 여성의 성적 쾌락을 허용할 뿐 아니라 실로 찬양하지만 그것을 이성애, 여성성, 모성의 규범 안에 가두려 했다. 적절한 주의를 기울이지 않으면, 불감증과 색정증이라는 두 가지 잠재적 결과로 이어질 수 있었다.

보수적인 신프로이트주의는 이와 같은 여성 섹슈얼리티의 잠재적 극단에 대한 불안을 강화했다. 프로이트는 종종 이러한 국면을 만들어낸 범인으로 묘사되곤 하지만, 정작 그 자신은 이성애가 정상적이거나 불가피하다고 보지 않았다. 프로이트에게 재생산을 할 수 있는 이성애는 생물학적 필연이 아니라 복잡한 발달과정이었다. 그는 여성과 남성 모두에게 이성애적 욕망은 선천적이라기보다 후천적이며, 그러한 욕망은 어렵게 획득될 뿐 아니라 언제나 잠정적이라고 주장했다. 프로이트의 여성 섹슈얼리티는 불안정하고, 모호함으로 가득 차 있다. 클리토리스 섹슈얼리티에서 질 섹슈얼리티로 옮겨가는 힘겨운 전환과 리비도 차원에서 어머니로부터 떨어져 나와 아버지와 남성으로 향하는 지난한 노력은 필연적인 현상이 아니며, 프로이트의 뒤를 이은 몇몇 학자들과 달리 프로이트는 이를 명확하게 혹은 지속적으로 요구하지도 않았다. 이 불안정한 순간에 대해 설명하면서, 그는 불안정한 얼마의 시간 동안 성적 범주의 **바깥**에 서 있는 소녀를 묘사했다. 제인 게르하르트가 《욕망하는 혁명》에서 설명한 대로, 젊은 여성은 한동안 순전히 남성적이지도 여성적이지도 않고, 이성애적이지도 동성애적이지도 않으며, 잠재적으로 이 모두가 동시에 나타나는 "성적 정체성의 경계에" 존재한다.

프로이트의 후학들은 프로이트보다 더 규범적이고 더 확신에 차 있었다. 칼 아브라함, 마리 보너파트, 카렌 호르니, 에두아르드 히츠만과 에드문트 베르글러의 정신분석학은 자연적인 여성성에는 질 성교, 가사, 모성에 대한 욕망이 포함되어 있다고 설명했다. 건강한 여성성은 질 오르가슴을 반드시 필요로 하는 반면에 미숙한 섹슈얼리티는 클리토리스의 쾌락을 더 특별하게 생각한다. 이것은 그 자체로 여성 동성애, 페미니스트의 호전성, 혹은 집 밖으로 나가 교육을 받거나 일을 하려는 욕망처럼 남성성으로 추정되는 징후를 보이거나 여성성을 거부하는 태도와 연관된다. 이들 신프로이트학파에게 클리토리스를 억압하고 질을 성숙시키는 것은 적절한 여성성의 기반이었다.

여성의 섹슈얼리티에 대한 이러한 설명은 당연하게도

이후로 몇십 년간 강렬한 적대감을 불러일으켰다. 그들을 논박하는 일은 1960~70년대 여성운동의 중심이기도 했다. 마스터스와 존슨의 연구가 출판되던 시기에 결집되던 당시 여성운동은, 그 성 학자들의 연구를 어마어마하게 열정적으로 활용했다. 클리토리스 오르가슴에 대한 통계를 산출하는 등 여성들의 성적 쾌락을 관찰하고 중요하게 다룬 마스터스와 존슨의 성 과학은 한동안 페미니스트가 논쟁에서 활용할 수 있는 핵심 자원 중 하나가 되었다.

그러나 모든 페미니스트가 한껏 흥분하여 성적 쾌락의 혁명적 가능성이나 클리토리스의 해방적 의미를 주장하는 데 동참하지는 않았다. 프랜시스 빌, 린다 라 루, 벨 훅스와 같은 흑인 페미니스트들은 백인 페미니스트가 섹슈얼리티를 정체성의 가장 중요한 원천으로 보는 것에 내재되어 있는 특권을 인정하지 않았다는 중요한 지적을 했다. 흑인 페미니스트들은 성적 쾌락에 대한 자신들의 관심은, 흑인 여성을 성적·경제적으로 착취한 역사와 푸에르토리코 여성에게 피임약을 실험하는 등 빈곤 여성의 몸을 실험 대상으로 이용하고 흑인 여성에게 강제로 불임 시술을 한 끔찍한 역사에 의해 복잡할 수밖에 없다고 주장했다.

그럼에도 마스터스와 존슨의 연구에서 엄청난 해방적 잠재력을 본 앤 코트, 티-그레이스 앳킨슨과 같은 페미니스트에게 성 과학은 매력적이었다. 짧지만 막대한 영향력을 남긴 코트의 에세이 〈질 오르가슴의 신화〉는 처음에는 등사

본으로 배포되었고 나중에는 다양한 선집에 널리 수록되었는데, 이 글에서 코트는 현재 '정상위'라고 규정된 특정 섹스 체위가 오르가슴에 이르는 데 상호적으로 도움이 되지 않는다면, 그것은 "더 이상 정상위로 규정되어선 안 된다"고 썼다. 클리토리스 오르가슴은 상대가 남성이든 여성이든 성적 쾌락을 얻을 수 있다는 사실을 보여주기에, 이성애를 "절대적인 것이 아니라 하나의 선택지"로 만든다. 남성은 클리토리스 부분보다 "근본적으로 질에 의한 마찰을 통해 오르가슴에 이르기" 때문에, 여성은 "성적인 측면에서 남성을 기쁘게 하는 것이라는 의미로만 규정되어 왔다."

이 함의는 심대한 영향을 미쳤다. 코트는 다음과 같이 주장했다.

"남성들이 사실 클리토리스를 자신의 남성성에 대한 위협이라 여기며 두려워한다."

그것은 틀린 말이 아니었다. 작가이자 호전적 한량인 노먼 메일러는 《섹스의 포로》에서 당시 한창 떠오르던 페미니즘 저술에 대해 검토하며, 케이트 밀렛의 《성 정치학》 등 일부 저술이 마스터스와 존슨의 연구를 활용하고 있을 뿐 아니라 메일러 자신을 겨냥하고 있다고 말했다. 자기 신화적self-mythologizing이고 화려한 문체의 산문에서 메일러는 "플라스틱 꼬챙이니 실험실 딜도니 바이브레이터니 하는 것들을 가지고 도처에서 즐기는 여성의 오르가슴의 풍요에 대한 분노!"를 새로이 느끼고 있음을 인정한다. 그는 "1950년대의 프로이트적 오만한 확신에 대한 향수에 가까운 것"을 느낀다고 고백한다. 클리토리스 자극에 대한 확신과 삽입을 통해서는 오르가슴에 이르지 못하는 불능은 곧 여성성의 실패다.

마스터스와 존슨에 대한 메일러의 적개심은 기묘하게도 그들의 영향력에 대한 이후 페미니스트들의 평가를 선점했다. 1970년대의 저명한 페미니스트들은 성 학자들과 동맹을 맺었지만, 메일러는 어두운 의심을 품고 그 두 사람을 면밀히 지켜보면서 희망 속에 담긴 망상에, 임상시험에 담긴 사악함에, 그들이 섹스에 접근하는 과정에서 놓친 것에 귀를 기울였다. 그는 "미국은 반쯤 미친 과학자 떼거지에게 지배당하고 있다. 그들은 창조 행위에 대해 아무것도 모르는 인간들이다"라고 썼다. 그는 이 연구의 실험 조건에 대해 "연구자들의 검사에 죽은 치아처럼 무감각해져서 질을 내놓은 채로 거기에 누워 그들의 살균된 시선으로 조사당하고 있는 여성에게 가해졌을 모든 감각의 마비"라며 시적이기까지 한 표현으로 묘사했다.

그저 기계적이고 기술적으로 성을 정량화하려는 연구 경향에 회의적인 사람은 메일러만이 아니었다. 강경 분리주의 페미니스트 단체 셀 16 Cell 16의 회원 데이나 덴스모어는 성적 해방에 비판적이었다. 그녀는 자신의 몸을 즐길 여성의 '권리'가 이제는 의무가 되었다고 주장한다. 성적 해방이 성기에 초점을 맞추면 오히려 주의가 분산된다. 여성의 다중 오르가슴 능력을 발견하며 마스터스와 존슨은 여성의 성적 만족은 신체적일 뿐 아니라 심리적이기도 하다고 주장했다. 여성은 섹스 이상을 추구한다. "우리가 진정으로 추구하는 것은 친밀감, 동화, 그리고 아마도 자아에 대한 일종의 망각이다." 앞으로 살펴보겠지만, 이것은 최근 다시 부상하고 있는 주제이기도 하다.

✖　　✖　　✖

1990년대까지 마스터스와 존슨에 대한 비판은 성 과학 안에서 나오고 있었다. 두 사람은 예나 지금이나 엄청난 영향을 미치고 있다. 1980년에 인간의 성 반응 주기는 거의 통째로 정신장애 진단 및 통계 편람 제3판(Diagnostic and Statistical Manual III, DSM III, 이후 정신장애편람)에 통합되었다. 미국 정신의학협회가 발행하는 정신장애편람은, 미국 건강관리 시스템에 장애를 목록화하고 의학적 진단과 보험 적용을 조정할 뿐 아니라 많은 국제적 연구를 관장하는 데 결정적인 역할을 하는 분류체계다. 정신장애편람 제3판은 성 반응 주기를 기반으로 성기능 장애를 분류했으며, 성과학자 헬렌 싱어 캐플런과 해럴드 리프의 노력 덕분에 이제는 욕망이 초기 단계의 요소로 포함되어 있는 선형 모델의 편차를 통해 기능 장애를 제시한다. 마스터스와 존슨의 섹스 치료법은 인간의 성 반응 주기를 기반으로 하여 환자들이 불안과 억제의 문제를 극복하도록 도와주는 데 중점을 두고 있었다. 그리고 이 방법은 이후 수십 년 동안 이 분야의 청사진으로 유지되었다.

그러나 1990년대에 정신약제의 처방이 확대되면서 문화적으로 대격변이 일었고, 이는 정신장애편람의 영향력에도 변화를 일으켰다. 세계적으로 성공한 선택적 세로토닌 재흡수 억제제SSRI 항우울제인 프로작Prozac은 이러한 변화의 상징이 되었다. 일부 논평가들은 프로작이 단순히 무분별한 처방의 문제를 넘어 정신장애편람과 거대 제약회사, 그리고 의약품을 소비자에게 직접 홍보하는 광고의 출현에서 나오는 우려스러운 힘을 통해 평범한 일상적 문제나 사회적 현상을 '의료화'한다고 보았다. 무자비한 마케팅과 로비 전술로 무장한 제약 산업과, 효능 및 안전성 연구에 관해 혼란스러운 행태를 보이곤 하는 그들의 관행은 점점 더 면밀히 검토되었고 문제가 있다고 여겨졌다. 심대한 회의주의의 분위기가 일어나고, 정신장애편람 및 약제 정신의학의 폐해를 다룬 책이 무수히 출판되었다. 특히 정신의학이 사실은 애도하고 있는 사람에게 우울증에 걸렸다고 하거나, 테크놀로지의 자극이 과도하게 주어지는 상황이 문제임에도 주의력 결핍 과잉행동 장애ADHD 증상이라고 설득한다는 비판을 받았다. 즉 정신의학은 사람들이 자신에게 기능 장애가 있다고 생각하도록 부추기면서 의약품 소비에 공헌한다는 것이다.

※　　※　　※

비아그라 역시 이러한 논쟁 및 우려에 휘말렸다. 1998년에 발기부전 치료제로 허가를 받은 화이자의 이 대형 히트작이 가져온 막대한 성공에 힘입어, 제약업계는 비아그라 및 그와 유사한 화합물을 앞다투어 여성에게도 테스트했다. 그들은 울혈, 혈류, 부종(이 시기에는 수력이나 수압에 비유하는 은유가 풍부했다)을 증가시키는 혈관확장제가 남성과 마찬가지로 여성에게도 그들의 성적 문제를 위한 히트약품을 만들어내주기를 기대했다. 비아그라가 군림하던 당시에, 그동안 성적 문제는 만병통치약이 절실히 필요함에도 과소평가되어왔다며 공격적으로 홍보되고 있었다.

얼마 지나지 않아 이러한 약품이 여성에게는 처절하게 실패했다는 것이 밝혀졌다. 애초에 질 윤활물의 증가는 섹스를 원하는 여성의 욕망에 거의 영향을 미치지 않는 듯했다. 그러자 다른 기제가 열정적으로 모색되면서 이번엔 뇌와 호르몬에 초점이 맞춰졌다. 테스토스테론 패치인 인트린사Intrinsa(유럽에서는 허가되었으나 미국에서는 허가되지 않음), 테스토스테론 젤인 리비젤LibiGel, 좀 더 최근에는 세로토닌과 도파민에 작용하는 실패한 항우울제 플리반세린Flibanserin이 만들어졌다. 플리반세린은 지금까지 짧고 험난한 경력을 가지고 있다. 이 약은 처음에 미국 식품의약국FDA의 요건을 충족시키지 못한 뒤 2015년에 승인을 받아 많은 논란을 일으켰고, '애디Addyi'로 상품명을 바꿨으나 골치 아픈 부작용이 있는 데다 많은 보험회사가 보험 처리를 거부하면서 저조한 매출을 기록했다.

　성 과학 안팎의 비평가들은 '여성용' 비아그라에 대한 연구가 사실은 훨씬 더 복잡하고 관계적인 무언가를 의료화하려는 방법 중 하나가 아닌지 점점 더 의문을 제기했다. 또한 그들은 욕망의 모델과 정신장애편람 내에 전제되어 있는 인간 성 반응 주기 모델 자체에 처음부터 치명적인 결함이 있었던 것은 아닌지 의심했다. 이 모델에서 섹스는 욕망에서 시작하여 흥분으로 이어지고 궁극적으로 오르가슴으로 향한다. 자신의 욕망에 그렇게 쉽게 접근할 수 없는 여성은 성기능 장애가 있는 것으로 병리화된다. 실질적으로 정신장애편람은 보편적이라고 가정된 이 과정에서 발생하는 문제 상황은 무엇이든 전부 병리 현상이라고 규정한다. 성욕 감퇴 장애(남녀 모두에게 적용될 수 있는 장애로, 수많은 논쟁의 중심이었다)의 핵심 기준 중 하나는 '현저한 고통 혹은 대인관계의 어려움'을 야기하는 '성적 활동에 대한 성적 판타지 및 욕망의 결핍(혹은 부재)'이었다. 다시 말해 섹스에 대한 자발적 욕망이나 환상이 결여된 것이다. 그러나 성 연구자들은 규칙적으로 성적 판타지를 가지지는 않는다고 보고하는 여성들이 많으며, 또 많은 여성이 욕망을 자발적인 사건이 아니라 **자극과 흥분에 대한 반응으로** 나타나는 상태로 경험한다고 주장했다.

마스터스와 존슨의 방법론은 편향성을 가진 것으로 밝혀졌다. 그들이 연구한 대상은 거의 대부분 워싱턴 대학에서 모집한 백인 고학력 중상류층이었을 뿐 아니라, 당연하게도 이미 성적으로 적극적인 사람들이었다. 또한 그들은 실험실 환경에서 연구자들의 관찰 하에 섹스와 자위를 할 용의가 있었다는 점에서, 대부분 성적 욕망이 강하고 성적 억압이 낮을 가능성이 높았다. 그리고 그들은 자신의 성적 반응을 상세하게 묘사할 수 있는 능력 때문에 선정되었을 것이다. 윌리엄 마스터스는 이렇게 말한 바 있다.

"무슨 일이 벌어지는지 알아내려면, 그 일을 겪고 있는 사람과 함께 일해야 한다."

성적 욕망을 쉽게 경험하지 않거나 연구 환경을 편안하게 느끼지 못하는 참여자는 포함시키지 않음으로써, 그들의 연구는 자발적 욕망에서 흥분을 거쳐 오르가슴에 이르는 순조로운 경로를 전제하는 성적 정상성에 대한 '보편적'인 정의를 도출해냈다.

그러나 욕망은 사람에 따라 다양하기로 악명이 높다. 다양한 국가에 걸친 연구에 따르면, 욕망이나 관심의 결여가 여성에게 가장 흔한 불만이라고 한다. 2~4명 중 한 명의 여성, 혹은 여성의 3분의 1이 이러한 불만을 가지고 있으며 이는 남성에 비해 두 배나 높은 수치다. 하지만 마스터스와 존슨의 성 반응 주기는 리어노어 티퍼가 "흡사 기계식 시계의 작동처럼 선천적으로 정해진 프로그램의 실행"이라고 표현했듯, 욕망이라는 초기 상태가 전체 과정을 작동시키는 구조다.

성적 욕망에 대한 고전적 이해는 음식이나 잠에 대한 욕구처럼 생물학적 욕구라는 관점이다. 배가 고프거나 피곤하면 우리는 불쾌한 내적 상태로 인해 그 욕구를 충족시켜 더이상 불쾌하지(궁극적으로는 생명을 위협하지) 않은 생리적 기본 상태로 돌아가려고 한다. 하지만 욕망을 이렇게 욕구로 이해하는 것이 최선일까? 현대의 연구 중 일부는 그것에 동의하지 않으며 허기나 갈증과 달리 성적 욕망은 결핍모델을 기반으로 작동하지 않는다고 주장한다. 성적 욕망이때때로 욕구, 즉 불편한 절박함으로 우리를 덮치는 고통이나 허기처럼 느껴질 수도 있지만, 욕구와는 다르다. 그것은 욕망을 일으키는 맥락 속에서 발생하는 흥분이다.

폭넓은 분야의 연구자들이 이런 식으로 새로운 이해를 제안했다. 2013년에 정신장애편람을 개정한 제5판이 나오기까지 논쟁이 이어지던 몇 년간, 편람의 변경 사항을 감독하는 위원회에 있던 신시아 그레이엄과 로리 브로토와 같은 연구자들은 여성이 과잉 병리화되고 있다는 점을 우려했다. 일단 불안, 우울, 일과 돌봄의 불균형, 학대 및 폭력 경험, 자기 이미지에 대한 불만 등의 스트레스 요인에 대한 반응으로 성적 기능에 단기적 변화가 발생하는 현상은 이해 가능할 뿐만 아니라 적응할 수 있다. 그리고 욕망, 흥분, 오르가슴으로 이어지는 선형적 모델이 있는 그대로 여성에게 적용되지는 않을 수도 있다. 이 선형적 모델은 사실 영화와 TV 드라마에서 무수히 등장하는 남녀의 빠르고 성공적인 섹스 장면을 바탕으로 가정되었다. 욕망은 그저 거기에 있다. 그리고 다급한 더듬기가 이어지고, 성기 삽입과 숨 가쁜 신음, 마침내 기다리던 짜릿한 오르가슴에 동시에 도달한다.

여성이 특히 낮은 욕망으로 인해 고통 받는다는 인식은 자발적 욕망과 반응적 욕망이라는 두 가지 종류의 욕망을 구분하지 못해서 나오는 듯하다. 이 장의 서두에 인용한 '애스크맨'에서 언급하기도 하는 이 반응적 욕망이 여성들에게는 좀 더 보편적이다. 브리티시컬럼비아 대학 성의학 센터의 센터장이며 이 분야의 권위자인 로즈메리 바손은 환자들을 연구한 내용을 바탕으로 지난 20년간 이러한 견해를 제시해왔다. 성적 경험을 자발적으로 갈망하고 기대하는 경험인 자발적 욕망은, 지금 "섹스하고 싶어"라고 생각하고 있지는 않아도 섹스를 할 가능성은 열어두고 있는 여성에게는 별로 적당하지 않다. 상황이 맞으면 욕망이 나타날 수도 있다. 이러한 상황에서 여성은 먼저 흥분을 경험한 뒤에 욕망을 느낀다. 욕망이 먼저가 아니다. 이는 선형적이 아니라 순환적 과정이다. 그러나 상황이 결정적 역할을 한다. 서로의 관계, 권력의 동학, 안전과 신뢰, 섹스가 벌어지는 이유, 즐길 수 있는 에로티시즘, 여성이 자신의 몸이나 쾌락과 맺고 있는 관계, 여성이 흥분된다고 생각하는 자극의 존재 여부 등 당시의 성적 맥락이 모두 흥분과 욕망의 선순환을 가동하거나 방해하는 데 결정적으로 중요하다.

맥락이 가장 중요한 요소이며 맥락에 따라 욕망이 보다 **자발적으로 느껴지는지, 반응적으로 느껴지는지도** 결정된다. 어떤 맥락, 가령 오랫동안 함께 지내며 서로에게 아주 익숙한 커플이라면 그 여성은 특별히 섹스를 원하지 않을 수도 있지만(바손의 표현에 따르면 '중립 상태'에 있을 수도 있다), 적절한 상황에 파트너와 접촉하면서 호기심과 즐거움의 반응을 느낄 수도 있다. 설령 그것이 적극적이거나 긴급한 욕망이 아닐지라도 말이다. 마침내 욕망이 일어난다. 이와는 다르게 새롭고 심취해 있으며 기대가 큰 맥락, 가령 한참 떨어져 있다가 파트너를 만나려 할 때나, 새로운 연인과의 짜릿한 초기 단계에서는 재결합에 대한 욕망이 마치 아무 데서나 불쑥 솟아나기라도 하는 듯 완전히 자발적으로 **느껴질** 수 있다. 하지만 이 상황에서도 여성이 경험하는 욕망은 마찬가지로 그녀의 긴급하고 자발적인 감정에 반응적이다. 그녀는 단지 열정과 기대의 맥락, 즉 긍정적 피드백 순환에 반응하고 있다. 또 이러한 맥락 속에서 흥분이 일기도 하며, 맥락이 여성이 쾌락을 느낄 수 있도록 밑작업을 해주기도 한다. 맥락으로부터 벗어나 순전히 자율적인 성적 욕망은 없다. 욕망이 반응적이지 **않은** 경우는 매우 드물다. 우리가 어떤 상황을 맥락으로 생각하기를 잊을 뿐이다.

부정적인 맥락도 역시 맥락이며, 이것이 결과에 지대한 영향을 미칠 수도 있다. 산만하거나 불쾌한 환경, 부적절한 성적 자극이나 접촉, 이상한 소리나 냄새, 스트레스가 심한 관계 등은 모두 흥분-후-욕망의 주기를 방해할 수 있다. 성적 욕망이 낮은 여성 중 많은 경우가 사실은 만족스러운 수준의 성적 흥분을 경험하지 않은 것일 수도 있고, 또 많은 여성이 전혀 오르가슴을 느껴보지 않았을지도 모른다. 섹스는 의무사항일 것이다. 섹스는 어찌 됐든 반드시 만족시켜야 하는 긴급한 생물학적 욕구를 가지고 있는 파트너의 행복을 유지시키기 위해 처리해야 하는 잡무일 뿐이다. 따라서 여성 자신의 쾌락은 점점 덜 중요해지고, 이는 차츰 섹스에 대한 그녀의 욕망 자체에 영향을 미친다. 섹스 자체가 별로 할 가치가 없을 수도 있기 때문이다. 회피가 시작될 수도 있고, 악순환은 점점 더 심해진다.

성적 욕망이 항상 긴급하고 자발적인 형태를 취할 필요는 없다는 사실을 인정하는 것은 중요한 함의를 가진다. 우리가 반응적 욕망도 욕망으로 본다면, 대체로 남성과 관련되어 있는 지배적이고 자발적인 모델에 대한 여성의 '편차'를 비정상으로 보지 않을 것이다. 이것이 정신장애편람 제5판의 수정안이 의도하는 바다. 여기서는 성욕 감퇴 장애HSDD를 여성 성관심/흥분 장애Female Sexual Interest/Arousal Disorder로 대체한다. 이는 성적 활동을 시작할 때 반응적 측면이 중요한 역할을 수행하는 섹슈얼리티를 인정한다. 이러한 재구성은 여성이 쾌락에 더 많이 접근할 수 있게 도와줄 것으로 기대되었다.

예를 들어 로리 브로토는 《마음챙김으로 더 좋은 섹스를》에서 환자에게 바손의 연구에서 영감을 받은 치료 요법을 활용한다. 브로토는 여성들에게 자신을 흥분시키는 맥락과 자극에 대해 성찰해보라고 독려한다. 그리고 머리로 판단하지 않고 마음에 충실하게 감각을 따라가면서 솟아나는 성적 흥분에 집중하라고 권한다. 이렇게 감각을 따르다 보면 억압이 약해지고 성적 욕망, 그리고 마침내 성적 만족에 이르는 길이 열린다. 그러면 쾌락과 오르가슴을 경험하는 선순환 주기가 섹스에 대한 더 큰 보상으로 작용할 수 있다. 보상이 있는 섹스를 하면 여성도 섹스를 다시 원하게 된다. 욕망을 오직 자발적이고 긴급한 것으로 협소하게 이해하면 이러한 유형의 접근은 불가능하다.

✖　　✖　　✖

로즈메리 바손은 성적 문제를 신체적이고 약리적으로 치료하겠다는 시도가 열광적으로 들끓던 시기에 반응적 욕망에 대한 자신의 이론을 정교화했다. 바손은 사람들에게 섹스는 단지 생물학적인 것에 그치지 않는다는 점을 상기시켰다. 그녀는 밀레니엄 초입에서부터 특히 2000년대 말, 포스트페미니즘적이고 '과잉 성욕적'인 문화는 물론 온라인에서 점점 더 쉽게 접할 수 있는 포르노그래피가 남녀의 섹슈얼리티 모두에 미치는 영향에 경악을 금치 못하던 시기에 자신의 연구를 발전시키고 있었다. '성애화sexualization'는 순수한 유년기와 성적인 성인기 사이의 뚜렷한 경계를 가정하는 다소 불분명한 용어이지만, 당시에 주류 도상학은 물론 여러 대상(티셔츠, 아동복, 체육관의 폴댄스 수업)에 포르노그래피적 비유가 침투하는 현상을 비판하기 위해 이 개념이 호출되었다.《포르노 국가와 포르노화(포르노그래피는 어떻게 우리의 삶, 우리의 관계, 우리의 가족을 망가뜨리는가)》와 같은 제목을 지닌 책이 미국 심리학회의 〈소녀의 성애화에 대한 보고서〉와 같은 공식적 연구와 더불어 주목을 받았다. 이러한 텍스트와 토론은 그들이 묘사하는 포르노그래피 못지않게 정신 나간 주장을 하며 악순환을 반복했다.

아리엘 레비의《완고한 여성 우월주의자 벽창호들》과 나타샤 월터의《살아 있는 인형》과 같이 '성애화'된 문화, 즉 섹시함에 대한 강압과 '외설 문화raunch culture'에 대한 몇몇 비평은 진저리를 치며 스스로를 성애화하는 여성에 대한 불만을 표명했다. 그 비평가들은 겉으로는 걱정하는 척했지만 사실 그들이 끔찍해하는 자기 대상화self-objectification를 기꺼이 자처하는 여성들을 향해 그들을 대상화하고 비인간화하는 시선을 휘둘렀다. 레비와 월터는 '저질', '헤픈', '창녀', '노출증 환자' 등의 표현을 아무 거리낌 없이, 이런 어휘 아래 숨 쉬는 여성 혐오에 대해 전혀 질문하지 않은 채 사용했다. 월터는 "인형들이 다시 행진을 하고 있었다"고 썼다. 이러한 책에는 역겨움과 가혹한 평가가 근심과 절망에 뒤얽혀 있었다.

이러한 종류의 텍스트는 21세기 초부터 나타나기 시작한 성 연구에서 중요한 환경적 맥락을 이룬다. 바손의 연구는 여성에게 욕망은 더 이상 마스터스와 존슨이 가정했던 것처럼 선형적이고 기계적인 힘이 아니라고 주장하며, 그 모든 전제가 여성의 섹슈얼리티를 너무 빈번히 괴롭히는 장애물이라고 강조했다. 그래서 바손의 연구는 여성들이 섹스에서 겪는 어려움을 기꺼이 인정하는 동시에, 비정치성을 고수하며 섹스를 찬양하는 포스트 페미니즘적 입장을 복잡하게 만들었다. 그의 연구는 젊은 여성들에게 더욱 과도하게 성적인 존재가 되라며 점점 더 강하게 가해지는 압박에 저항했다. 오랫동안 정신장애편람을 비판해 온 성과학자 리어노어 티퍼의 사회운동적 연구 및 그녀가 기획한 '새로운 시각 캠페인New View Campaign'과 더불어 바손의 연구는, 섹슈얼리티는 맥락 속에 존재하며 이 맥락이 항상 여성의 즐거움에 도움이 되지는 않는다고 주장했다. 바손의 연구는 여성이 자신의 섹슈얼리티를 폭넓게 경험하기 어렵게 만드는 힘(성차별, 여성 혐오, 여러 가지 불평등)이 존재한다는 점을 인정했다. 그리고 여성들에게 보다 연극적이고 기계적으로 성적인 모습을 요구하는 문화적 힘에 반대되는 이미지를 제시했다. 그것은 느리기도 하고 장애물이나 사소한 문제, 방해, 금지를 맞닥뜨리기도 하는 섹슈얼리티를 인정하는 이미지였다. 바손의 연구에 나타난 여성들은 욕망에서 흥분과 오르가 즘으로 충실히 이동하는 욕망 기계가 아니었다. 그들은 각기 다른 특수한 상황 속에 존재하는 복잡한 개인이었다.

바손의 연구는 성욕 감퇴 장애와 비아그라를 만든 정신 의학과 거대 제약회사가 과도하게 성애화된 문화와 한통속 이지는 않은지 암시적으로 묻고 있기도 하다. 마스터스와 존슨은 선형적이고 안정적인 섹슈얼리티의 그림을 홍보하 면서 포스트 페미니즘의 뒤처리를 해주고 있었던 것은 아닐 까? 그들이 겉으로만 그럴싸할 뿐 실은 미심쩍은 성-긍정주 의sex-positivity를 조장하는 단순한 섹스의 청사진을 제공하 고 있지는 않은가? 이는 현실에 근거를 두기보다 그저 소망 하는 바에 가깝지 않은가?

바손의 연구는 여성의 욕망을 문제적 상황에 민감한 것, 즉 변덕스러운 맥락에 취약하고, 기존의 상상에 비해 난해 하고 깨지기 쉬우며 예측할 수 없는 것으로 드러내는 작업 이었다. 이것들은 불안한 환경에서 여성을 안심시키는 역할 을 충분히 수행했을지도 모른다. 더불어 그것은 당시에 만 연해 있던 양날의 칼과 같은 성 문화를 진정시키려는 욕구 의 한 부분을 형성했다.

✷　✷　✷

나는 반응적 욕망의 모델과 그것의 문화적 수용('여성은 일 반적으로 반응적이다')을 생각하면 긴장된다. 왜일까? 글쎄,

먼저 그런 관점은 성적 욕망을 설령 여성이 별로 하고 싶지 않을 때조차 반드시 추구하기 위해 노력해야 하는 것으로 만들 위험이 있다. 여성들이 욕망을 거의 느끼지 못하면서도 섹스에 수용적이라면, 섹스가 의무 사항 중 하나가 되어 버릴 위험이 있다.

수많은 여성 잡지와 TV 프로그램, 가장 대표적으로 〈코스모폴리탄〉이 '즐거운 섹스를 위한 운동sexercise' 요령을 가르쳐주고 남성의 흥미를 유지시키기 위해 실험적 시도를 해보라고 집요하고 쾌활하게 채근하면서 여성들에게 부과하는 종류의 의무다. 끝내주는 섹스가 언제나 자연스럽게 생기지는 않는다는 말은 유용한 통찰이지만 이런 식의 요구—많은 사람의 주장처럼 이성애적 사랑의 노력에 시간과 자원을 들여야 한다는—를 받는 사람은 압도적으로 여성이다. 이것이 노력이라는 점은 무수한 섹스 지침서에서 강조된다. 기독교인을 위한 섹스 지침서인 《침대보 음악: 결혼 생활에서 성적 친밀성의 비밀을 밝히다》에서 케빈 레만은 다음과 같이 썼다.

"어떤 사람은 불쌍해서, 의무나 책임 때문에, 그리고 진정한 욕망 없이 섹스를 할지도 모른다. 물론 그런 섹스가 강요에 못 이겨 하는 것으로 느껴질 수도 있지만, 당신은 사랑에서 우러난 행동을 하고 있는 것이다."

《멀티 오르가슴 커플: 모든 커플이 알아야 할 섹스의 비밀》에서도 분명히 섹스를 관계를 지키기 위한 의무로 제시하고 있다. 이 책은 독자들이 "섹스의 방향에서 실수를 범해야 한다"고 장려한다. 그리고《충만한 레즈비언 섹스북》은 관계에서 여성들이 '거절 금지 규칙'을 채택해도 된다는 관점을 취하고 있다. 이는 욕망을 느끼지 않는 파트너도 일단 상황이 시작되고 나면 섹스를 원하게 된다는 관점이다.

그러나 관계는 섹스를 통해 다져지게 마련이고 낮은 욕망은 반드시 노력을 통해 극복되어야 하는 것이라면(이 노력은 섹스에 수용적인 태도를 유지하는 것, 즉 원하지 않더라도 섹스의 가능성을 열어두는 것이다), 우리는 관계를 위한 합당한 '노력'과 섹스에 대한 부당한 강압의 차이를 어떻게 구분할 수 있을까? 성적 중립 상태를 강조하는 것, 즉 적절한 맥락 속에서는 흥분에서 출발하여 욕망으로 이어질 수 있다는 모델은 자신에게 성적 행동을 거절할 권리가 있다는 믿음을 약화시키지 않는가? 이 모델이 파트너에게 압력을 가할 수 있는 구실을 마련해주지는 않는가?

✖　✖　✖

반응적 욕구를 옹호하는 데 사용되는 언어는 매우 시사적이다. 바손의 연구는 동기와 더불어 섹스에서 얻는 이득과 섹스를 해야 할 이유를 매우 강조한다. 여성은 정서적 밀착에 대한 욕구나 '친밀성의 요구'와 같이 성적이지 않은 이유

(즉 엄격한 의미에서는 성적이지 않은 '보상'이나 '이득')에서 주로 섹스의 동기를 얻는다. 로리 브로토는 "성적 중립" 상태에서 시작하는 것은 "병적이지 않을 뿐 아니라 관계를 오래 지속한 커플들에게는 아마도 상당히 일반적일 것"이라고 쓴다. 바손은 호소력 있는 표현으로 자신의 '이득-동기유발 모델'을 설명하면서, 어떤 사람이 "흥분할 수 있는 능력 arousability"은 곧 섹스를 "향해 움직이려는" 그들의 기질이라고 주장한다.

여성은 욕망에서부터 출발하지 않는다는 것, 심지어 욕망이 전혀 없을 수도 있다는 시각은 진단 범주에 쓰이는 언어에도 반영된다. 제5편이자 최신판인 장애진단편람에서 여성은 더 이상 성욕 감퇴 장애로 진단받을 수 없지만, 남성은 여전히 가능하다. 장애진단편람에서 여성에게 '욕망'이라는 용어를 포함한 항목은 없다. 대신 여성은 여성 성관심/흥분 장애라는 진단을 받는다. 여성 성관심/흥분 장애의 진단 기준은 단순히 성애적 생각이나 환상의 감소뿐만 아니라 파트너의 접근에 대한 반응성의 감소까지 포함한다.

또 하나의 진단 기준은 '성적 활동에 대한 **관심**'(욕망이 아님)이다. 장애진단편람에서 여성은 장애를 겪을 수 있는 성적 욕망이랄 것이 아예 없는 듯하다. 물론 장애진단편람에 포함되는 것이 해방의 표시는 아니지만, 여성들은 이득과 동기를 가질 때 남성은 욕망을 가지고, 여성이 관심과 흥분에 관한 장애를 가질 때 남성은 욕망 장애를 가진다. 이 의미

론적 차이는 시사하는 바가 크다. 여성이 섹스에 기울이는 관심은 보다 인지적인 활동으로 여겨지고, 남성의 관심은 더 리비도적인 것으로 여겨진다. 여성은 섹스를 고려하지만 남성은 섹스를 원한다. 여성의 성에 대한 관심은 그러니까, 덜 성적이다.

우리는 욕망의 모델에 의문을 제기하고, 욕망을 활성화하거나 금지하는 맥락과 조건을 인정해야 한다. 그러나 여성에 대한 욕망의 언어를 없애는 것이 도움이 될까? 이것이 그저 이미 문제적인 현상, 즉 여성에게 섹스는 주로 그들의 이해관계를 가늠하여 판단할 문제이지만 남성의 섹슈얼리티는 근원적 필요로서 온전히 남아 있다는 주장을 더욱 공고히 하지는 않는가?

※　※　※

《여성은 왜 섹스를 하는가》에서 임상심리학자 신디 메스턴과 진화심리학자 데이비드 부스는 여성의 섹스를 설명하기 위해 몰두한다. 이 책의 제목, '왜 섹스를 하는가'라는 질문이 남성에게 제기되는 경우는 거의 없거나 아예 없다. 이 질문에 대한 메스턴과 부스의 답에는 온갖 이유가 다 담겨 있다. 자존감을 높이기 위해, 관계를 다지기 위해, 복수하기 위해, 기분이 좋아지기 위해, 쾌락을 경험하기 위해, 사랑을 표현하기 위해, 파트너의 정절을 최대한 지키기 위해…. 이 중 일부 혹은 전체가 이유에 해당하며, 꼭 저 순서를 따르지는 않는다(바손의 입장도 동일하다). 이렇게 최대한으로 포괄적인 설명은 사실 '이유'라는 개념을 생각할 수 있는 최대한으로 확장한다. 거의 모든 것이 답이 될 수 있으므로 '왜'라는 관념이 무의미해진다.

게다가 이유라는 언어가 애초에 여기 사용하기에 합당한 언어일까? 그것은 섹슈얼리티라는 이상하고 복잡한 현상에 이끌리기보다, 여러 고려사항을 합리적으로 가늠하는 여성의 모습을 연상시킨다. 그것은 섹슈얼리티는 여성의 외부에 있고, 그들의 인격과 항상 대립하지는 않더라도 분리되어 있다는 비유적 표현과 일치한다. 이러한 시각에 따르면, 여성은 섹스의 영역에서 분리된 상태에서 그곳에 발을 들였다 빼고, 대개 여성이 가질 수 있는 더 고귀한 것으로 여겨지는 다른 목적, 즉 육아, 친밀성, 밀접함을 위해 섹스의 비용-편익을 분석한다. 이 관점은 섹스를 가치 있는 것을 얻기 위한 교환물, 더 가치 있는 것으로 교환하는 과정에서 자신의 가치가 손상될 위험을 무릅쓰고 여성이 '포기'하는 자원으로 바라본다. 따라서 여성의 섹슈얼리티는 거래와 교환의 영역, 목표 중심적이고 계약적이며 서비스 노동에 가까운 행동 형식이라 할 수 있다.

이 모두는 강압적이고 폭력적인 남성의 행동의 근원에 자리한 최악의 계약 모델에 가까워질 위험이 있다. 만일 여성이 자신의 이해관계를 저울질해서 교환의 대가로 얻을 수 있는 친밀성의 가치가 높다고 생각하면, 섹스에 동의할 것이다. 이는 여성이 가치 있게 여기는 것을 얻으려면, 예컨대 그들이 선물이나 친밀성의 약속을 얻게 된다면, 섹스를 제공해야 한다는 요구에서 멀리 떨어져 있지 않다. 여성의 섹슈얼리티에 대한 이러한 관점은 남성의 성폭력을 정당화하는 경향이 있을 뿐 아니라 여성을 자신의 욕망 및 쾌락으로부터 한층 더 멀리 소외시킨다.

남성 섹슈얼리티에 대한 우리의 관념을 비슷한 방식으로 살펴보지 않은 채 맥락 및 타인에 대한 반응성을 여성 섹슈얼리티의 본질적 특성으로 규정하면, 남성은 섹스를 원하며 요구하는 존재이고 여성은 자신의 성적이지 않은 관심사를 계산한 후 요구에 응할 수도 있는 존재로 묘사하는 상당히 문제적인 클리셰를 소환하게 된다. 여성이 섹스를 거절하면 뻔뻔한 무시와 강압적인 회유를 너무나 일상적으로 마주하게 되며, 여성이 섹스에 응하면 도덕적 비난을 받는 동시에 보다 고상하다고 여겨지는 목표를 위한 봉사라며 합리화되는 세상에서, **남성 섹슈얼리티는 충동으로서 그저 온전히 남겨둔 채로** 여성의 섹슈얼리티만을 섹스에 대한 수용적 특성이라는 결정적 측면으로 규정하려는 것은 심각한 문제다. 이러한 시나리오에서 남성은 원하고 밀어붙이며, 여성은 계산하고 결정하고 저항해야 한다. 이는 이미 자신의 욕망은 당연한 생물학적 권리이고 여성은 설득할 수 있는 욕망의 부속품으로 보는 남성에 의해 완전히 이용당하고 있으며 이용당할 수 있는 시나리오다. 젠더권력의 역학을 면밀히 살펴보지 않고 여성의 욕망을 반응적으로 보는 관점은 순식간에 악몽 같은 강압의 환상으로 탈바꿈할 수 있다.

✖   ✖   ✖

설령 여성이 섹스에 관해 이해관계를 저울질하는 것이 경험적으로 사실이라 해도, 여기에 눈에 보이는 것 이상이 있지는 않을까? 여성이 가령 파트너를 행복하게 해주는 등 성적이지 않은 이유로 동기를 얻는다면, 이는 남성이나 여성의 섹슈얼리티 자체, 적어도 매우 생물학적인 무언가에 관한 현상이 아니라 오히려 사회 현상을 설명하고 있을지도 모른다. 만일 여성의 쾌락이 일상적으로 간과된다면, 여성의 성생활이 욕정을 일으키는 데 도움이 되지 않는 조건인 경우가 많다면(당신의 쾌락이 중요하게 여겨지지 않는데 욕망을 느끼기는 어렵다), 여성이 성적이지 않은 이유 때문에 섹스를 하는 것은 놀랄 일이 아니다.

　　마찬가지로 여성의 욕망이 남성의 욕망에 비해 더 맥락에 즉각적이고, 에밀리 나고스키가 말했듯 그래서 여성은 섹스를 억제하는 요인에 남성보다 더 민감하다는 주장이 경험적으로 사실이라 해도 이것 역시 사회적 요인일 가능성이 높다. 여자 엑스는 슬럿-셰이밍slut-shaming[2]을 당할 수 있지

---

2   역자 주: 섹슈얼리티에 있어서 사회 통념에 어긋나는 여성의 외양이나 행동을 향한 비난.

만, 제임스 딘은 그저 종마일 뿐이다. 여성의 섹슈얼리티는 자주 처벌된다. 여성은 일상적으로 성희롱을 겪고, 그들의 몸은 감시당한다. 그들은 남성의 폭력에 취약하다는 말을 끊임없이 들으며 그에 대한 책임이 자신에게 있다고 느끼게 된다. 수치심, 두려움, 문화적 금지, 트라우마(종종 성적 트라우마)는 성적 즐거움을 막는 중대한 억제요인이 될 수 있다. 그런데 여성들은 자신의 욕망을 자신 있게 주장하라는 요구까지 받는다. 자신의 욕망과의 관계가 복잡한 여성들이 많은 것은 이상한 일이 아니다. 그 욕망을 끌어내려면 신중해야 하며, 그것이 억제되기가 너무 쉽다는 것도 이상한 일이 아니다.

이런 일들이 사실이라 해도, 그것은 섹슈얼리티에 대한 절대적 사실이 아니다. 그것은 불가능한 것을 여성들에게 요구하는 세상의 결과다. 세상은 여성에게 쾌락과 욕망을 드러내라고 요구하는 동시에 그들의 쾌락과 안전은 가치 있거나 우선시되지 않는다고 말한다. 자유분방함, 모험, 해방, 유희의 가능성의 조건을 만드는 것은 사회적 현실이다. 우리가 창조한 사회가 낳은 결과를 날것의 사실인 것처럼 묘사하지 않도록 주의해야 한다.

※　※　※

어떤 경우든, 남성들도 상황이 간단하지만은 않다. 한편으로 그들의 욕망은 세상에 포용되고 가치를 인정받고 보호받으며 등장한다. 남자아이는 욕망 다발로서 세상에 태어난다. 그 세상은 욕망들, 적어도 백인 소년의 욕망은 얼마든지 충족시킬 준비를 갖추고 있다. **이성애 남성의 욕망만** 포용되고 장려되는 것이 아니다. 여성의 몸을 마음대로 할 자격이 있다는 그들의 권리의식에도 욕망이라는 틀이 부여된다. 브록 터너의 아버지는 아들이 고작 '20분 동안의 행동'으로 인해 형을 선고받았다며 한탄했다(그가 의식 없는 여성에게 가한 아들의 성폭력을 '행동'이라고 표현했다는 사실은 중요한 의미를 담고 있다. 즉 성폭력과 섹스는 바꿔 쓸 수 있는 개념이다).

남성 이성애 섹슈얼리티는 생물학적 충동이라는 관념에 더 정확히 부합할 수 있다. 무엇보다 그 욕망을 위한 조건이 충분하기 때문이다. 이성애 남성의 욕망은 언제 어디서나 북돋아지고, 상상되고, 표현되며, 충족된다. 그것은 전반적으로 문화에 의해 유도되며, 그 욕망을 만들어내는 맥락(가령, 남성 오르가슴의 우월성, 혹은 성폭력으로부터의 상대적 안전)도 흥분, 욕망, 오르가슴의 선순환을 만들어내며 욕망에 보상을 준다. 여성은 이러한 선순환을 얻기 훨씬 어렵다. 여기엔 인종에 따른 차이도 있다. 흑인 남성의 섹슈얼리티는 동물적 충동으로 물신화fetishized되지만, 특히 백인 여성을 침해한다고 여겨질 때 백인 남성의 섹슈얼리티보다 훨씬 더 큰 제재를 받는다.

따라서 남성의 욕망은 장려되지만, 동시에 강력히 요구

된다. 남성은 쉴 새 없이 욕망하는 기계여야 한다는 기대는 실현 불가능할 뿐이다. 이성애 남성성의 지평을 끊임없이 추구해야 하는 상황은 절대 부러워할 일이 아니다. 남성은 영원히 섹스를 원해야 한다고 요구하는 것, 지속적으로 리비도를 주장하고 정복을 이뤄내라고 강요하는 것은, **그들 또한** 실패로 몰아넣을 뿐이다. 실패한 남성에겐 굴욕이라는 부담이 따른다. 기대에 미치지 못하는 남성은 수많은 남성들이 엄청난 대가를 치르며 증명했듯이 폭력과 모욕을 당하게 된다. 뿐만 아니라 이렇게 불가능한 지평에 도달하지 못하고 실패하면, 여성에 대한 남성의 폭력을 유발하는 바로 그 불안과 수치심의 감정이 생겨난다. 결국 남성은 자기 자신을 혐오하지 않기 위해 여성을 혐오한다.

남성도 여성과 마찬가지로 성적이지 않은 이유로 섹스를 추구하도록 동기를 부여받는다. 그들은 자신의 남성성을 주장해야 하기 때문에, 발기·사정·권력 간의 연관관계 때문에, 실패에 따르는 사회적 처벌 때문에 섹스를 추구한다. 여성에겐 섹스를 해야 할 **이유와 이득**이 있는 것이 아니고, 남성에겐 순수한 욕망이 있는 것도 아니다. 우리가 남성의 성적이지 않은 동기, **그들의 이유**, **그들의 이득**을 보이지 않게 은폐했을 뿐이다. 우리는 이것을 자세히 살펴보지 않은 채 방치했고, 남성의 욕망을 사회적으로 활성화되고 인정되고 강제된 행동이 아니라, 처음부터 생물학적으로 주어진 것으로 취급한다.

✖   ✖   ✖

우리는 사실은 사회적인 현상을 섹스의 모델이라고 쓰지 않도록 각별히 주의해야 한다. 즉, 섹스가 남성에게는 본질적으로 만족스러운 것이라는 가정과 더불어 여성이 마지못해 하는 섹스는 순전히 자신에게 중요한 다른 것을 위한 거래일 뿐이라는 가정은 사회적인 것이다. 섹스를 하면 연결감, 친밀성, 결속감 등 다른 가치 있는 효과를 가져올 수 있다는 점을 인정하면서도, 이러한 효과를 제공할 수 있는 섹스 자체를 배제하지 않도록 주의해야 한다.

서로에게 깊은 즐거움을 주는 행위로서 섹스 자체를 목표로 삼지 않을 이유가 무엇인가? 그 모든 복잡함 속에서도 여성의 성적 쾌락을 포용하고 활성화하며, 남성 욕망의 복잡성 또한 인정하는 문화를 목표로 삼지 않을 이유가 무엇인가? 젠더를 떠나 경이롭고 보편적이며 민주적인 쾌락을 목표로 삼을 수는 없을까? 모두를 위한 쾌락주의, 소피 루이스가 말한 "경계를 풀고, 다형적인 실험"을 모두가 추구할 수는 없을까?

모든 섹슈얼리티는 반응적이다. 모든 성적 욕망은 그것을 차츰 형성해가는 문화 안에서 등장한다. 바손의 모델에서 중요한 부분, 즉 관계적이고 창발적인 욕망의 본성에 대한 강조를 남성과 여성의 섹스 충동은 다르다는 수사학에 너무 많이 이용하지 않으면서 수용할 수 있을까?

섹슈얼리티는 시간이 흘러감에 따라 특정한 맥락들 속에서 살아가고 배우고 발전한다. 이는 섹스가 우리에게 모종의 의미를 지니는 이유이기도 하다. 섹스는 결코 순전한 기능이 아니며, 언제나 풍부한 의미가 축적되어 있는 것도 아니다. 섹스가 즐겁고 만족스럽기를 원한다면, 우리의 해방적 에너지를 집중시켜야 할 곳은 바로 섹스의 맥락이다.

3
흥분에 대하여

"여성들은 섹스를 사랑한다. 심지어 우리보다 더."

사회학자 레이철 오닐이 자신의 책《유혹》에서 인터뷰한 픽업 아티스트는 이렇게 주장한다. 여성들이 섹스를 사랑할지도 모른다. 그러나 픽업 아티스트들의 주장에 따르면 여성들은 난잡한 여자로 보일까 두려워서 자신의 행동을 감시하도록, 즉 섹스를 자제하도록 길들여진다. 그들은 섹스에 응하기 전에 거절의 제스처를 취하지만(그들이 쓰는 두려움의 용어에 따르면 '체면상 튕기기'), 여성이 남성을 집에 데려가기만 하면 섹스는 사실상 보장된다.

"당신만큼이나 그녀도 그 사실을 잘 알고 있죠. 물론 그녀가 섹스에 대해 죄책감을 느끼지 않도록 몇 번의 거절 정도는 이겨내야 합니다. 만일 그 여자가 '싫다'고 말할 때 정말로 싫은 거라면 그건 존중해야 해요… 다행히도 99퍼센트의 경우 진심이 아니지만요."

여기서 여성의 말은 그저 자신의 평판을 보호하기 위해 지어낸 거짓말이다. 이러한 남성들은 언제나 이미 존재하며, 얌전히 기다리고 있던 욕망에 다가가기만 하면 된다.

하지만 여성들이 자신의 욕망을 다들 감추게 마련이라면, 남성들은 여성이 진정으로 원하는 바를 어떻게 알 수 있을까? 답은 '여성의 몸'에 있다. 한 남성은 오늘에게 다음과 같이 말한다.

"여자들이 자기가 원한다고 말하는 것과 실제로 반응하는 모습은 완전 천지차이예요. 여자의 몸은 섹스를 애원하지만, 여자는 결국 하지 않기로 하죠."

여성의 몸과 자아는 분리되어 있으며, 진실을 말하는 쪽은 몸이다.

여성은 자신의 성적 열정과 욕망을 부정하지만 몸은 그들의 의도를 배반한다는 말은 상당히 흔한 수사다. 누군가가 욕망의 증거로 '그녀는' 혹은 '나는 완전히 젖어 있었다'라고 말할 때마다 어김없이 그런 수사가 등장했다. 워쇼스키 자매의 1996년 영화 〈바운드〉는 바이올렛과 코키라는 두 여성이 사랑에 빠진 뒤, 바이올렛의 마피아 남편에게서 200만 달러를 훔치려는 음모를 꾸미는 영화다. 이들이 처음으로 성관계를 가질 때, 바이올렛은 코키의 손을 잡고 그녀의 스커트 안으로 가져가며 이렇게 말한다. "네가 보는 것을 믿을 수 없다면 네가 느끼는 것을 믿어 봐." 로맨스 소설 《그레이의 50가지 그림자》에서 남주인공 크리스천 그레이가 여주인공 아나스타샤에게 처음으로 엉덩이를 때리는 장면에서 아나스타샤는 고통으로 인해 비명을 지르며 물러난다. 그녀의 "얼굴은 충격으로 완전히 경직되어 아플 정도였다." 하지만 그레이는 자신의 손가락을 아나스타샤의 질 속에 넣으며 이렇게 말한다. "*이걸 느껴 봐요. 당신의 몸이 이걸 얼마나 좋아하는지 보세요, 아나스타샤.*" 그레이가 암시하는 아나스타샤의 신체적 흥분은 그녀의 **진정한** 쾌락과 즐거움의 표지標識다. 이를 통해 그레이는 아나스타샤가 무엇을 말하거나 느끼든 상관없이 원하는 대로 할 수 있다는 허가를 얻는다. 그녀의 몸은 그녀의 감정을 압도한다.

✖   ✖   ✖

성폭력 피해자는 가해를 당하는 도중에 생리적 흥분(윤활, 애액 분비)은 물론 오르가슴을 경험할 수 있고, 실제로 경험하기도 한다. 때때로 강간 재판에서 변호사들은 질 내 윤활이 발생한 사실을 여성도 '그것을 원했다'는 증거로 이용하기도 했다(역사학자 조애너 버크에 따르면 20세기 초에는 흔히 있던 일이며, 최근의 재판에서는 보다 은근한 암시가 이루어진다고 한다). 성폭력 중에 생리적 흥분이 나타나는 현상은 충격적이고 혼란스럽게 느껴질 수 있지만, 이는 그저 우리가 생리적 흥분이 쾌락, 즐거움, 욕망, 혹은 동의를 직접적으로 전달한다고 가정하고 있기 때문이다. 사실, 많은 성 연구자는 성기의 흥분은 섹스 도중에 여성을 부상, 외상, 감염으로부터 보호하기 위해 진화해온 자동적 반응으로 추정한다. 《있는 그대로 오라》에서 에밀리 나고스키는 다음과 같이 주장한다.

"성기의 반응은 욕망이 아니다. 그것은 쾌락조차 아니다. 그것은 단순히 신체적 반응일 뿐이다."

그러나 지금까지 우리가 살펴보았듯, 일부 남성은 생식기 자극을 도구화한다. 그들은 여성들이 "자신이 원한다고 말하는 것"과 "그들이 반응하는 것"은 완전히 다르다, "여성의 몸은 섹스를 애원하고 있다"고 말한다. 성 연구 역시 흥분을 열렬히 조사한다. 메러디스 치버스와 동료들의 연구는 매우 흥미로운 의견을 도출했다. 핵심 연구 중 하나에서, 피험자들은 자신의 생식기에 측정 장치를 장착하고 편안한 안락의자에 기대어 앉는다. 음경에는 부피 변화를 측정할 수 있도록 몸통 부분을 둘러싸는 음경 혈량계를 붙이고, 질에는 빛의 반사를 이용하여 질 내벽의 혈류 변화를 기록하는 질 혈량계(탐폰 크기의 작은 아크릴 탐색침)를 삽입한다. 피험자들은 남녀의 섹스 장면, 나체로 해변을 걷는 남성, 두 여성의 섹스 장면, 한 남성이 다른 남성에게 오럴 섹스를 하는 장면, 한 쌍의 보노보 원숭이가 교미하는 장면 등 다양한 자극을 담은 영상을 본다. 각 영상은 90초간 상영되며, 매 영상이 끝나면 인물이 없는 자연 풍경의 영상이 상영되어 판독

값을 기준선으로 되돌리도록 설계되었다.

남성은 자신이 흥분한다고 말한 것에만 성기 흥분의 반응, 즉 발기가 나타나는 경향을 보인다. 그들의 성적 지향에 따라 남성이나 여성, 혹은 둘 다에게 반응했고, 보노보 원숭이에는 대부분 반응하지 않는다. 그러나 여성은 자신이 밝힌 성적 지향과 상관없이, 유인원을 포함한 모든 영상에 성기 흥분의 반응이 나타난다. 전문용어로, 여성의 흥분은 비특이적인 데 반해 남성의 흥분은 특이적, 즉 자신이 진술한 성적 욕망과 지향에 국한되어 있다. 여성은 모든 것에 신체적으로 흥분하는 듯하다.

이뿐만이 아니다. 여성은 육체적으로 모든 것에 흥분하는 듯하지만, 결정적으로 자신은 그렇지 않다고 말한다. 피험자들은 자유롭게 쓸 수 있는 키패드를 가지고 있어서 흥분에 대한 주관적 느낌을 스스로 평가할 수 있다. 여성은 훨씬 더 광범위한 자극(보노보 원숭이 포함)에 성기 흥분을 나타냈지만, 자신의 성기 흥분과 흥분에 대한 주관적 감각 사이의 이른바 '비일치성'도 훨씬 더 컸다. 즉, 그들의 몸의 반응은 그들이 느꼈다고 말한 것에 부합하지 않았다.

여성들이 모든 것(웃음이 날 정도로 거의 모든 것이다)에 신체적으로 흥분하는 것처럼 보인다. 때문에 여성들은 흔히 하는 표현을 빌리자면 훨씬 더 '남성 같다'. 그들은 여성 섹슈얼리티의 성향에 대한 일반적 이야기와 달리 탐욕적인 호색한이다. 동시에 여성은 남성과 상당히 **다르기도** 하다. 여성들은 모든 종류의 시각적 자극에 성기가 반응하므로, 다형적 도착의 측면에서 훨씬 제멋대로다. 보노보 원숭이에 흥분하는 것은 남성이 아니라 여성이다.[1]

이 모든 현상은 몇 가지 엄청난 주장으로 이어졌다. 웬즈데이 마틴의 저서 《거짓》은 여성이 적어도 마음속으로는 "가리는 것 없고 무차별적인 잡식성"이라고 말한다.

> "그들은 엄청난 변태일 뿐 아니라 심지어 성적 무정부주의자다. 우리의 리비도는 우리를 분류하는 항목에 조금도 신경 쓰지 않는다."

마틴은 여성의 흥분성에 대한 이 발견이 여성에게 전통

---

1   성 연구에 대한 논평에서 보노보 원숭이가 이렇게 선정적인 역할을 담당하는 이유는, 동물은 사람의 흥분이나 욕망의 진정한 대상이 될 수 없으며 동물의 교미 장면을 보며 여성의 성기가 흥분하는 현상은 해명해야 할 복잡한 문제라고 가정하고 있기 때문이다. 그러나 성 연구자들과 독자들은 1975년에 엄청난 찬사를 받으며 출간된 낸시 프라이데이의 여성의 성적 판타지 모음집 《나의 비밀 정원 My Secret Garden》을 참고해야 할 것이다. 그녀가 수집한 판타지 시나리오에 동물이 적지 않은 비중으로 포함되었다. 예를 들어 아주 긴 혀를 가진 이웃집의 저먼 셰퍼드처럼 말이다. 의아하게도 동물이 흥분의 원인이 되고 있음에도, 이러한 연구와 논의는 동물은 인간에게 욕망의 대상이 될 수 없다고 가정하면서 성생활에서 판타지가 담당하는 결정적인 역할을 간과한다. 페미니스트가 수십 년간 주장해왔듯이, 판타지는 현실과 직결되지 않는 방식의 관계를 맺는다.

적인 일부일처제 관계가 허용하는 것보다 훨씬 폭넓은 성적 다양성이 필요하다는 증거라고 생각한다. 섹스 코치 케네스 플레이도 우리가 "뿌리 깊은 오해"와 "실제로는 여성이 남성을 능가하지는 않더라도 비슷하게 섹스를 갈망하는데도 불구하고 여성은 남성보다 섹스를 덜 원한다고 말하는 문화적 신화"에 맞서야 한다는 데 동의한다.

대니얼 베르그너는 자신의 2013년 저서 《여성은 정말로 무엇을 원하는가?》에서 치버스가 연구한 비일치성을 보인 여성들에 대해 "모든 것이 일치하지 않았다"고 썼다.

"혈량계와 키패드는 완전히 모순된 내용을 담고 있었다. 정신은 육체를 부인했다."

그의 책에서 여성 섹슈얼리티는 도착적이고 곤혹스러우며 인식론적으로 문제적인 것으로 나타난다. 그것은 일반적 통념에 비해 사회적으로 용인되거나 존중받기 어려운 것일 뿐 아니라, 아주 **이상하기**까지 했다. 게다가 그것은 "아마도 남성들에게 가장 위안이 되는 내용이겠으나 남녀 모두에게 적용되는" 통념인, 여성의 에로스적 성애는 남성의 리비도적 성애보다 일부일처제에 적합하다는 가정을 무너뜨렸다 (베르그너의 말에 따르면, 그의 책을 보고 한 편집자는 "소스라치게" 겁을 먹었다고 한다).

마틴은 자신의 파트에서 이러한 진실을 밝히는 연구를

열정적으로 설명하며, "여성의 섹슈얼리티를 너무나 철저히 은폐하고 왜곡한 나머지 여성들이 자기 자신과 자신의 리비도를 낯선 존재로 느끼게 만드는" 타협과 제약의 여러 층을 벗겨낸다. 마틴은 성 연구자들이 우리 "여성은 어떤 존재인가, 우리의 동기는 무엇인가, 우리는 무엇을 원하는가에 대해 가장 깊이 스며 있고 극진히 지켜진 가정들"에 도전하고 있다고 적는다. 우리의 성적 자아는 "재고되고 재검토되어야 마침내 드러날지도 모른다." 성 연구야말로 성적 충만과 정치적 해방의 열쇠일 수도 있다. 마틴의 책의 전체 제목은 《거짓: 우리가 여성, 욕정, 불륜에 대해 믿고 있는 거의 모든 것이 잘못된 이유는 무엇이며, 새로운 과학은 어떻게 우리를 해방시키는가》이다.

이 논평자들이 보기에, 내일 섹스가 다시 좋아진다면 그것은 대부분 성 연구 덕분이다. 성 연구는 이번엔 푸코의 말을 빌리자면, "지식에 대한 열정"을 "세속적인 쾌락의 동산을 향한 갈망"과 결합하여 "진실을 말하고 행복을 약속할" 것이다. 더구나 영웅적으로 여성의 몸을 들여다봄으로써 이 진실은 말해질 것이며 행복은 약속될 것이다. 분명히 강조하지만, 이러한 책들은 공감에서 시작된다. 이 책들은 여성의 성적 경험을 형성하는 이중 잣대에 충분히 공감하고 있다. 자의식, 가혹한 평가, 수치, 위험을 느껴서 섹스에 어려움을 겪은 적이 한 번이라도 있는 여성이라면 누구나 자신의 섹슈얼리티가 사회적 제약 속에 깊이 파묻혀 있다는 관념이 직관적으로 이해될 것이다. 논평가들이 일상적으로 사용하는 '단절disconnection'이라는 표현도 여성들과 충분히 공명할 수 있을 것이다.

그러나 과학 연구가 섹스를 다시 좋아지게 만들 수 있을까? 성기의 반응이 **정말로** 결정적인 데이터이자 가장 핵심적 정보인가? 브룩 매그넌티는《섹스의 신화》에서 "여성들이 자신을 흥분시킨다고 보고하는 것과, **실제로 그들의 몸이 반응하게 만드는 것**"에는 차이가 있다고 밝힌다. 우리는 "무엇이 사람들을 흥분시키는지" 알고 있다고 생각할지 몰라도, "실험 결과는 연구자들에게 상당히 다른 그림을 제시한다." 매그넌티의 견해에 따르면, 어떤 사람의 섹슈얼리티는 그 사람의 생리적·성기적 반응에 존재하며, 정신·자아·인격은 단순히 뒤따라오는 것일 뿐이다.

비슷하게 알랭 드 보통은 애액이 흐르는 질과 솟아오른 음경은 "신실함의 명확한 대리인"이라고 썼다. 무엇보다 그것은 자동적이라 속일 수 없기 때문이다. 그러나 자동적인 것은 단순히 하나의 반응일 뿐 그 이상이 아니다. 그리고 생리적 반응은 신실함을 지닐 수 없다. 오직 인간만이 신실할 수 있을 뿐이다. 생리적 흥분은 성적 욕망에 관해 아무것도 직접적으로 말하지 않는다. 심지어 그것은 흥분에 대해서조차 아무것도 직접적으로 말하지 않는다.

왜 우리는 성기 흥분을 쾌락과 욕망의 대명사로 삼았을까? 한편으로는 흥분, 즉 애액으로 인한 윤활이 무엇보다 섹스를 주관적으로 즐기는 데 중요하기 때문이다. 여성들이 고통의 원인으로 갱년기 전후 애액 분비의 감소를 언급하는 경우도 많다. 게다가 이성애 여성 스스로가 젖어야 한다고 강조했을 수도 있다. 남성들은 여성이 '준비'도 되기 전에, 오랫동안 중심 행위라고 여겨져 온 삽입 섹스를 서두르는 경향이 있기 때문이다. 그렇기에 애액 분비는 좋은 섹스의 대명사가 될 수 있었다. '전희'가 이루어졌고, 섹스가 오직 남성만이 아니라 여성의 속도에 맞추어 진행되었다는 단서일 수도 있다. 성기 흥분이 쾌락을 키우고 불편함을 줄이는 데 도움이 되기 때문에 우리는 그것을 쾌락이라는 주관적 감정과 완전히 같은 것으로 취급하는 경향이 있다. 특히 수많은 성 연구와 조언이 이성애에 초점을 맞추기 때문에 더욱 그렇다.

성기 흥분에 초점을 맞추는 이유는 이뿐만이 아니다. 연구에서 사람들이 실제로 무엇을 하거나 느끼는지 파악하기란 어렵기로 유명하다. 우리는 몇 시간을 자는지, 술은 얼마나 마시는지, 편견은 어느 정도 가지고 있는지 등 수많은 현상에 대해 일상적으로 거짓말하고, 과소평가하며, 적절히 판단하는 데 실패한다. 개개인은 신빙성이 없는 데다 창피해하는 경우도 많은데, 특히 섹스에 대해 말할 때는 더욱 그렇다. 그들은 자신이 즐기는 일들을 불편하게 여길 수도 있고, 정상으로 보이고 싶어 할 수도 있다. 그래서 사회학 및 심리학 연구에서 자기 보고는 처참할 정도로 신뢰하기 힘들

다. 이렇게 '딱딱한' 생리학적 데이터에 의존하는 것은 정확한 자기 관찰을 하지 못하는 인간의 무능력에 대처하는 매력적인 해결책이며, 그리하여 이 해결책은 강력한 역사적 혈통을 이어왔다.

✂   ✂   ✂

20세기가 전개되면서 섹스에 대해 말하는 두 가지 뚜렷한 양식이 등장했다. 첫 번째 유형은 19세기 말부터 시작된 해블록 엘리스, 리하르트 폰 크라프트 에빙, 프로이트의 사례 연구다. 이는 깊은 공감과 친절의 수단인 동시에 '일탈' 행위를 분류하고자 하는 매혹을 품은 양날의 칼이었다. 이 접근 양식은 개인을 지식체계의 중심에 두었다. 그들은 개인의 특정성에 깊이 관여하여 인간의 섹슈얼리티에 대한 강력한 정보를 산출하고자 했다.

두 번째 양식은 앨프리드 킨제이(그는 1940년대 말과 50년대 초에 보고서를 출간했다)나 윌리엄 마스터스와 버지니아 존슨(위에서 살펴봤듯, 그들의 첫 번째 책은 1966년에 나왔다) 등의 인물과 연관된다. 이 접근 방식은 수많은 신체를 반복해서 관찰하여 산출한 수치와 양적 집합에서 안전성을 추구한다. 킨제이와 동료는 인간 집단의 비밀을 정량화하기 위해 수천 명(실제로는 1만 6,000명)의 피험자에게 엄청난 질문을 쏟아부었다. 1960년대 마스터스와 존슨의 실험실은 다른 방식으로 인간을 파고들었다. 그들은 에로틱한 기계에 장착된 삽입형 카메라, 탐침, 센서로 대체된 관음증적 메커니즘을 활용했다.

곤충학 전공이었던 킨제이는 거의 강박적일 정도로 철저하게 데이터 수집에 매진했다. 그의 연구는 정량화한 자료의 규모 자체와 그의 지칠 줄 모르는 집계와 정리만으로도 놀라운 수준이었다. 섹스 연구를 하기 전에 그는 미국 전역을 가로지르며 혹벌을 세심하게 조사했다. 그리고 킨제이와 연구팀은 동일한 법의학적 관찰력을 섹스에 적용하여 사람들에게 각각 2시간에 달하는 대면 인터뷰를 통해 수백 개의 질문을 던졌다. 킨제이는 자신의 측정 단위로 '성적 분출'을 강조했다. 그는 오르가슴의 횟수를 세고 사람들이 오르가슴에 도달하는 방식을 찾아내고자 했다. 그의 질문 중 300개는 섹스의 내용, 맥락, 체위, 오르가슴에 도달한 성행위의 비율에 관한 것이었고, 나머지는 자위, 동성애, 불안, 동물과의 성적 접촉, 성적 문제에 관한 것이었다.

킨제이는 오르가슴이 성적 경험을 온전히 보여주기에 적절한 척도는 아니라고 인정했지만, 통계적 처리를 할 수 있을 만큼 식별 가능한 척도로는 그것이 유일하다고 주장했다. 이렇게 오르가슴에 이르지 않는 활동은 배제하고 분출에만 초점을 맞춘 접근 방식은 유용한 진보적 기능을 수행했다. 예컨대 이 연구는 여성의 오르가슴이 어떤 식으로 도달됐든 상관없이 독자적인 이벤트로 조명하여, 여성의 섹스를 재생산이나 결혼과 무관한 것으로 바라보았다. 또한 이 연구를 통해 킨제이는 결혼한 부부의 이성애 섹스를 그저 자위, 동성애, 수간을 비롯한 광범위한 활동 중 하나로 강등시킬 수 있었다. 따라서 '분출'은 성적 활동의 위계질서를 완전히 뒤집어버렸다.

이 보고서는 미국이 극심히 보수적이던 시대에 상당히 폭발적인 발견을 발표했다. 거의 90퍼센트의 남성이 혼전 섹스를 하며, 3분의 1 이상이 동성애 경험을 통해 오르가슴에 도달했다. 결혼할 때 여성의 절반이 동정이 아니며 3분의 2가 결혼 전에 오르가슴을 경험한 적이 있다. 남녀의 대략 3분의 1 정도가 적어도 한 번은 동성애를 경험했다. 8퍼센트의 남성이 다른 종의 동물과 더불어 오르가슴에 도달했다. 수학적 편의를 위해 오르가슴에 초점을 맞춘 킨제이의 방식은 심대한 정치적 함의를 가지고 있었다. 킨제이 보고서를 향한 신랄한 비평 중 일부는 그들이 전후 시대의 섹스에 대한 이성애 중심적 합의를 깨뜨렸기 때문에 제기된 것이었다. 머지않아 킨제이는 의회의 조사를 받았고, 록펠러 재단의 지원금도 철회되었다.

킨제이의 인구 집단은 마스터스와 존슨과 마찬가지로 그다지 보편적이지 않았다. 그의 데이터는 백인 쪽으로 매우 기울어 있었다. 게다가 킨제이가 인터뷰 방법론의 문제를 알고 있었다 해도, 섹스를 둘러싼 수치심과 비난을 고려할 때 피험자들이 과연 진실을 이야기했을까? 그는 인터뷰 자체는 물론이거니와 사람들의 수치심을 우회하기 위해 그가 고안한 전술에 담긴 독특한 심리적 동학을 온전히 파악하지 못했다. 그것은 어떤 성적 행위에 대해서든 시도해봤는지 여부를 묻는 것이 아니라(이런 질문은 사람들에게 압박감을 줄 수도 있어서?) 처음 시도한 것은 언제였는지를 묻는 전술이었다.

'대면' 인터뷰도 완전무결한 정보 출처라고 보기 어렵다. 작은 나비넥타이를 하고 트위드 재킷을 걸친 채 피험자에게 질문을 연달아 던지던 킨제이는, 아마도 지금껏 누구와도 이렇게까지 상세하게 섹스에 대해 논해본 적이 없을 대부분의 피험자들에게 그가 생각한 것보다 더 많은 영향을 끼쳤을지도 모른다. 어떤 환상은 심지어 순수한 사실이 되기 위해 안간힘을 쓰는 맥락일 때조차, 혹은 특히 그런 맥락일 때 끼어든다. 중립적이라고 통용되는 공정한 질문이라는 기술이 사실은 전율할 정도로 에로틱하거나 적어도 도발적이고 심란한 것일 수 있다. 중립적인 기술이란 없으며, 성은 끝없이 자신의 모습을 바꿀 수 있다.

섹스에 대한 연구는 성적 인간(아니면 성적 육체일까?)을 고립시키고, 움직임을 억제하고, 사회와 문화로부터 분리시켜 실험대에 고정시킨 상태로 외부 세계에 오염되지 않은 섹슈얼리티를 정확히 찾아내고자 한다. 그러한 연구는 추출과 단순화의 환상에 빠져드는 방식만큼이나 간단하게 고립, 환원, 실체를 꿰뚫어보기의 연출법을 사용하는 것으로 설명될 수 있다. 게다가 그들은 자신이 의식적으로나 무의식적으로 추가하는 것, 즉 조사 과정에서 그들이 **만들어내고** 있는 성애는 무엇인가에 대해 이상할 정도로 순진한 태도를 견지한다.

　마스터스와 존슨도 자신이 실험하고 있는 것에 영향을 미치지 않고 단순히 섹스를 연구하기만 할 수는 없었다. 저명한 대학교의 닫힌 문 뒤에서 당신이 섹스를 하는 동안 섹스에 집착하기로 유명한 부부가 당신을 관찰하며, 무슨 일이 벌어졌는지에 대한 소문을 퍼뜨리는 성애는 어떠한가? 마찬가지로 현대의 성 연구자들도 그들이 제한하고 억제하기 위해 사용하는 방법론과 안락한 의자와, 탐색침과 자극에도 불구하고(혹은 그로 인해), 섹스에 영향을 미치지 않고 섹스를 연구할 수는 없다. 이러한 연구는 그 자체로 절시증 scopophilia적이며, 아무리 그들이 섹스를 연구하기 위해 용감히 도전한다 해도 **그들 자신도** 또한 섹스의 일부라는 사실에서 결코 **빠져나갈 수** 없다.

　그러나 킨제이는 자신이 측정할 수 있는 것을 측정했고, 마스터스와 존슨도 마찬가지였다. 흰 실험 가운을 입은 마스터스와 존슨의 모습은 자신들의 연구에 과학적 존경심을 유도하기 위한 신중한 전략이다. 성 연구는 쓸모 있거나 정확한 수준 이상으로 방법론의 중립성에 대해 주장하면서 항상 자신의 이미지를 유지해야 했을 것이다. 그리고 정량화는 객관성 및 중립성(과학 탐구에서 가장 존경받는 가치 중두 가지)에 밀접하게 연관되어 있었다. 이것은 정말로 객관적이고 중립적이며 무엇보다도 포르노그래피적이지 않은 연구라고 대중을, 혹은 자기 자신을 안심시키기 위해 성 연구는 자신의 방법론에 의지하곤 했다. 성 연구는 그것이 측정할 수 있는 것을 측정했다. 이는 언제나 그래왔듯이 지금도 마찬가지다.

⁜ ⁜ ⁜

실험은 현대 성 연구의 많은 범위에서 광시곡 형식의 글이 주는 이점을 가진다. 실험은 혼란스러운 주관적 이야기를 다 잘라내면서 욕망을 방해하는 문화적 현상을 벗겨낼 수 있다고 이야기된다. 그리고 우리를 잔뜩 부풀고 땀이 흘러내리는 섹슈얼리티 본연의 핵심으로 인도한다. 혈량계가 윤활 정도와 맥박, 혈류를 객관적으로 측정해주거나 그런 기계가 안구 운동, 심박수, 동공 확장을 감지하여 여성이 정말로 원하는 것이 무엇인지 알려준다는 발상은 참으로 매혹적이다. 진실을 꿰뚫어볼 수 있다는 이러한 환상이 유혹적인 이유는 우리가 측정의 문화 속에 살고 있기 때문이다. 이는 무언가가 측정될 수 있기만 하다면 측정되어야 한다고 믿는 문화, 더 나아가 측정될 수 있는 것은 우리에게 의미 있는 무언가를 알려줄 것이며, 종국에는 진실을 알려주리라 믿는 문화다.

그러나 많은 성 연구에서 몸에 대한 조작은 연구기관의 윤리위원회를 만족시켜야만 한다. 피험자들은 자위를 하지 말라는 요구를 받을 때도 많고, 움직이지 않고 가만히 있어야 할 때도 많다. 성 연구는 전반적으로 자금 지원을 확보하기 어렵지만, 자위나 섹스 자체와 유사한 대상을 다루는 연구에 자금을 얻기는 특히 더 어렵다. 그렇다면 이러한 실험은 정확히 무엇을 측정하고 있을까? 어떤 여성의 질 혈류를 측정할 때, 가만히 누워 있는 상태에서 질에 혈량계를 삽입하고, 다양한 종류의 포르노그래피를 보면서(자신이 고른 것도 아님), 자신을 만지기는커녕 전혀 움직이지 않고 제한된 시간 동안 측정한다면, 우리가 욕망은 고사하고 작동 중인 성적 흥분을 관찰하고 있다고 의미 있게 말할 수 있는지조차 의심스럽게 느껴진다. 나는 우리가 관찰하고 있는 것은 그저 가만히 누워 있는 상태에서 질에 혈량계를 삽입하고, 다양한 종류의 포르노그래피를 보면서(자신이 고른 것도 아님), 자신을 만지기는커녕 전혀 움직이지 않고, 제한된 시간 동안 측정한 여성의 질 혈류라고 생각한다.

성적 흥분은 일반적으로 실험실 환경에서 피험자를 다양한 자극원에 노출시키는 방식으로 연구된다. 그러나 무엇을 정당한 자극으로 간주할 수 있을까? 판타지를 활용하는 연구도 있지만, 일반적으로는 성적 행위에 관한 소리 묘사와 시각 이미지 혹은 영상을 활용한다. 이러한 연구가 예컨대 포르노그래피의 효과나 특정 유형의 포르노그래피의 효과를 연구하는 경우는 거의 없다. 대신 그들은 포르노그래피를 여성의 섹슈얼리티에 대하여 맥락에 구애받지 않는 진술을 만들어낼 수 있는 중립적 입력값으로 취급하는 경향이 있다.

그러나 포르노그래피는 중립과는 매우 거리가 멀다. 그리고 특히 다양한 종류의 포르노그래피에 대한 여성의 반응을 관찰하는 연구에서는 여성들이 어떤 영상을 보는가에 따라 반응이 달라진다는 점이 드러났다. 여성들은 보다 전형적인 상업적 포르노그래피에 비해 '여성 중심'의 영화에 주관적 성적 흥분이 훨씬 더 컸다고 보고한다. 그리고 전자는 여성의 주관적 성적 흥분을 감소시키는 경향이 있지만 성기 반응을 감소시키지는 않는다. 일반 포르노그래피를 볼 때 여성의 생리적 흥분은 다른 종류의 포르노를 볼 때와 동일하지만, 더 부정적으로 느낀다. 성기 흥분은 자극이 무엇이든 상관없이 성기 흥분이지만, 여성은 다른 자극에 각기 다른 주관적 반응을 보인다.

이제 우리는 이러한 결과를 여성이 온갖 종류의 포르노그래피에 실제로 성적으로 흥분하지만, 그들은 자신의 흥분과 단절되어 있음을 보여주는 연구로 해석할 수 있다. 여성들의 정신은 자신이 진정으로 즐기는 것 혹은 원하는 바와 맞지 않거나 그것을 부인하고 있다고 결론내릴 수 있다. 하지만 다른 방식으로 해석할 수도 있다. 여성의 몸은 거의 모든 포르노그래피에 반응하지만(무엇보다 포르노는 신체 반응을 이끌어내기 위해 설계된 강력한 자극이지 않은가), 그들 개개인은 오직 특정한 종류만 즐긴다. 성기 흥분이 성적 흥분의 주관적 감각, 즉 누군가가 즐기는 대상은 무엇인가에 대해 알아야 할 모든 것을 말해주지는 않는다. 그것은 그저 성기 흥분에 대해서 알려줄 뿐이다.

여성이 다양한 이미지를 활용한 자료는 물론 청각, 시각, 인쇄 매체가 혼합된 자료에 노출되었을 때에도 상당히 높은 주관적 성적 흥분을 보인다는 사실도 인상적이다. 매체나 신체, 행위의 종류가 더 다양한 자료나 더 긴 영상을 볼 때, 다른 연구에서 나타나던 성기 반응과 주관적 흥분의 격차가 줄어들었다. 지금껏 활발히 논의되어 온 여성의 흥분과 주관적 경험의 단절, 즉 그들의 불일치성은 인공적인 수치이자 성적 반응이 연구되는 방식의 산물이 아닐까? 나는 그렇다고 생각한다.

움직이지 못하는 채로 있거나 표준적 포르노그래피 영상을 짧게 보는 등 특정한 조건을 당연하게 생각한 상태에서 실험 데이터가 불일치성을 보일 때, 당신은 흥분에 대한 여성 스스로의 의식이 그들의 실질적이고 진정한 흥분으로부터 충격적일 정도로 단절되어 있다고 결론을 내릴 수 있다. 그러나 당신은 이러한 연구가 무엇이 여성을 흥분시키는지 **이미** 알고 있으며, 성기 반응에 대한 조사가 주관적 흥분에 관해 중요한 사실을 밝혀낼 수 있는 방법이라고 가정하고 있을 것이다. 당신은 성기에 대한 조사가 성적인 것을 낱낱이 밝힐 수 있다고 가정하고 있을 것이다. 사실 무엇이 성애를 구성하는가에 대한 가정은 성적 반응을 연구한다고 주장하는 방법론 내에서 형성되고 있다. 연구되고 있는 것이 여성의 성애라고 유효하게 인정되지 않을 수도 있다. 그렇기에 이러한 실험실 조건 속에서 성적 흥분이 일어나고 그 흥분으로부터 여성이 단절되는 경우는 없다. 즉, 그 실험실이 연구하고 있는 것은 성적 흥분이 아니라는 것이다.

이는 놀라운 일이 아니다. 왜 우리는 섹슈얼리티에서 그것의 맥락과 생생한 질감을 벗겨내어 기계에 연결된 채 수동적으로 시각자료를 쳐다보는 상태로 축소시킨 것이 그러한 특정 조건 외의 중요한 무언가를 알려줄 수 있다고 생각했을까? 이 조건 자체가 섹스(좋든 나쁘든)가 일어나고 욕망이 흘러넘치는 장소, 즉 깊숙이 내재되어 있는 심리적, 대인적 맥락에서 현격히 분리되어 있다. 포르노그래피는 현상을 이끌어낼 수 있는 중립적 입력값이 아니다. 그것은 연구 중인 현상에 막대한 영향을 끼치는 고도로 축적된 기술이다. 이러한 연구 조건에 대한 믿음은 끊임없는 문화적 맥락 속에서 신체 및 생리적 과정이 전개되는 방식에 대해 생각하기를 완고하게 주저하는 태도를 드러낸다.

✕　　✕　　✕

주관적인 것은 부정확하다고 폄하하기 쉽다. 그러나 가장 중요한 부분이 정확하게도 주관적인 것(사람의 몸이 보여주는 것이 아니라 자신이 느꼈다고 말하는 것)인 영역이 있을 수도 있다. 그리고 섹스야말로 독보적으로 이 영역, 즉 불확실하고 개인적인 것이 절대적으로 중요한 영역에 해당할지도 모른다. 섹스는 모든 인간 현상 가운데에서도 가장 연구하기 어려운 현상 중 하나다. 섹스는 사람들 사이에서, 맥락 속에서, 그리고 복제할 수 없는 조건 속에서 벌어지는 일이기 때문이다. 섹슈얼리티는 외부의 물질을 끝도 없이 자기 안으로 포개 넣는다. 그것은 상상력이 풍부하고 개념적이며 환상적인 데다 각종 문화로 가득 차 있다. 수년에 걸쳐 성 연구가 정신의 기만적 혼란을 넘어 육체의 본질적 진리에 이르기 위해 숨 가쁘게 설명하며 자세히 표현한 환상(자연스럽게도 매우 침투적인 환상)은 인류학자 매릴린 스트래던이 말했듯이 "진실하고 자연스럽다고 알려진 것은 밑바닥에 있다"는 생각을 바탕으로 한다. 그것은 또한 자연스러운 환경 속에서 방해받지 않고 성을 연구할 수 있는 중립적 기술을 찾을 수 있다는 생각도 고수하고 있다.

여성들은 심지어 보노보 원숭이를 포함한 모든 종류의 자극에 성기 반응을 경험하며, 심지어 성적 위협의 자극에도 반응한다. 그것이 이미지이든, 강간 판타지이든, 폭력의 실제 경험이든 모두 가능하다. 여성이 무엇에 흥분하는가에 대한 진실, 더 나아가 그들은 무엇을 욕망하는가에 대한 진실을 성기 흥분의 수치를 근거로 성급하게 추론한다고 해서 정확한 결과를 얻을 수는 없다. 몸은 거짓말하지 않는다고 믿고 싶을 수도 있지만, 몸이란 복잡한 정보를 제공하는 일을 할 뿐이다. 육체는 중재인이 아니며, 중재인이 되어서도 안 된다. 우리가 쾌락에 관심이 있고 열정만큼이나 동의에 관심이 있다면, 주관적인 것이야말로 정확히 우리가 주의를 기울여야 할 매우 중요한 대상이다. 우리는 가짜 과학주의의 이름으로 여성의 몸이 하는 일을 물신화하기보다, 그 모든 복잡성 속에서 여성이 말하는 바를 우선시해야 한다.

⁂

그러나 남성의 경우에는 몸이 말하는 바를 매우 다르게 해석한다. 1999년에 미국 정치인 밥 돌Bob Dole이 발기부전에 대한 정보 캠페인(비아그라 제조업체인 화이자가 비용을 지원함)에 참여했을 때, 이 캠페인이 그의 입장에서는 위험한 행보였다. 이 광고는 돌의 발기 문제가 전립선암 치료의 결과라는 점을 강조하면서 다소 민망할 수 있는 가능성을 회피했다. 이로 인해 그 증상은(예전에는 보다 수치스러운 용어인 '발기불능impotence'으로 불렸다) 그의 인격에서 한층 더 멀어져 비인격적인 약물 부작용의 영역으로 들어갔다.

1998년에 처음으로 비아그라를 시장에 내놓았을 때 화이자는 이 약물이 생리학적 문제, 즉 유압 방식이 잘못되어 생긴 기술적 문제를 수정했다고 강조하기 위해 안간힘을 썼다. 그것은 욕망이나 정력의 감퇴를 언급하지 않았다. 현재 발기 문제에 대한 치료제는 많지만, 당시 그 회사는 새롭고 논쟁적인 영역을 개척하고 있었다. 화이자의 마케팅 전략은 비아그라가 혈관을 팽창시켜 기계적 상승을 제공하는 혈관

울혈 약물이라고 주장하는 것이었다. 그 약물은 남성의 욕망을 만들어주는 것이 아니었고, 그런 의미에서 남성적 힘의 상실을 인정하지도 않았다. 남성들에게 낮은 욕망이란 거의 거세된 상태와 마찬가지로 여겨진다는 사실을 알고 있었기 때문에 화이자가 이 전략을 선택했을 가능성이 크다. 대부분의 남성이 발기를 지속할 수 없는 상태를 고통스럽고 굴욕적인 일로 경험한다. 바로 이것이 화이자가 비아그라로 대성공을 거둔 이유이기도 하다.

이 회사는 또한 남성의 욕망 감퇴는 모순적이라는 점을 정확히 감지했다. 남성에게 주관적인 성적 욕망을 느끼지 못하는 것은, 흥분의 역학적 과정에서 기술적 결함이 발생하는 것보다 더 창피하고, 거의 생각할 수조차 없는 일일지도 모른다. 무엇보다 욕망을 빼면 남성에게 무엇이 남는단 말인가? 남성성은 리비도, 욕구, 흥분 그 자체다.

작가, 픽업 아티스트, 크리스천 그레이가 알려주듯 여성은 자신의 몸이 '애원'하고 있다는 진실로부터 단절되어 있거나 진실에 정직하지 못하다. 반면에 비아그라의 설명틀 안에서 남성의 감정은 그의 몸이 말하는 진실로부터 '단절될' 가능성이 없었다. 반대로 자신의 발기불능에도 불구하고 섹스를 향한 관심에 대한 남성의 주관적 감각은 진실로 받아들여진다. 진실을 말하는 것은 그이지, 그의 몸이 아니다. 그리고 우리는 그를 믿는다. 인격이 육체와 맺는 관계는 여성과 남성에게서 각기 다르다. 남성은 자기 스스로에 대한 권위를 가지고 있는 반면에 여성은 그렇지 않다.

※　　※　　※

1941년에 원더우먼이 빨간 가죽부츠와 황금 왕관 차림을 하고 연재만화에 등장했다. 원더우먼은 찰스 몰턴(윌리엄 마스턴의 필명)이 심리학자이자 마스턴의 배우자였던 엘리자베스 홀러웨이와 협력하여 창조했다. 홀러웨이는 마스턴이 실천하던 삼자관계three-person relationship의 여성 파트너 중 하나였다. 또 한 명의 여성 파트너는 재생산권 운동가이자 자유연애 옹호자인 마거릿 생어의 조카 올리브 번이었다. 마스턴에 따르면, 원더우먼은 대부분 남성이 지배하는 분야에서 소녀들에게 자신감과 성취감을 불러일으키며 '강하고, 자유로우며 용감한 여성성'을 가르칠 영웅이었다. 그는 원더우먼이 '마땅히 이 세계를 다스려야 할 새로운 유형의 여성을 위한 심리적 선전'이라고 말했다.

　원더우먼은 마법의 올가미를 가지고 있어서 거기에 붙잡힌 사람에게 전부 진실을 실토하게 할 수 있었다. 올가미는 질 르포어가 《원더우먼 허스토리》에서 지적했듯 포획, 결박, 어쩌면 처벌까지 포함한 BDSM의 의미를 함축하고 있다. 그러나 올가미는 또한 거짓을 밝혀내고 진실을 포착하는 일종의 페미니즘적 거짓말 탐지기이기도 하다. 게다가 현대의 거짓말 탐지기를 개발하는 데 중요한 역할을 했던 사람이 누구겠는가? 바로 윌리엄 마스턴이다. 거짓말을 탐지하기 위한 초기 기술은 19세기 범죄학에서 비롯한 것으로, 거짓말은 발한, 홍조, 심박수 증가 등 생리적 흥분을 동반한다는 생각에 기반하고 있다. 그리고 1915년에 마스턴이 수축기 혈압 감지 테스트를 고안하면서 이 기술도 한 단계 더 발전되어, 심문 중에 일정한 간격으로 혈압까지 측정 가능했다.

거짓말 탐지기는 신빙성이 없기로 악명이 높지만 여전히 널리 일상적으로 사용되고 있는데, 이는 거짓말 탐지기를 열렬히 전파해 온 마스턴의 덕이 결코 적지 않다. 지난 100여 년 동안 거짓말 탐지기의 사용은 기하급수적으로 증가했으며, 이와 더불어 그것이 과학적으로 신뢰할 수 없다는 발견도 꾸준히 반복되었다. 이런 기계는 진실을 말하는지 여부를 신빙성 있게 검사하지 못하며, 거짓말을 할 때 온전히 신뢰할 수 있는 생리적 징후(빨라지는 맥박과 심박수의 상승은 죄책감을 나타낼 수도 있지만 그저 긴장을 나타낼 수도 있다)가 있는 것도 아니다. 그것의 사용을 지지하는 사람들 중 일부는, 거짓말 탐지기는 유용한 심문 도구이지만 기계만큼이나 심문자도 중요하다고 주장하기도 한다. 이 기계는 이언 레슬리가 《타고난 거짓말쟁이》에서 말했듯, 어떤 면에서 "무오류라고 믿기에 무오류인 상태" 때문에 즉각적인 고백을 이끌어내고 행동을 감시하는 데 능숙하다. 그것은 그 기술이 자신의 죄를 밝혀내리라고 믿고 있는 사람들의 죄의식에 스포트라이트를 비추는 듯하다. 거짓말 탐지기가 효과가 있다면 사람들이 그렇게 믿고 있기 때문에 플라시보 같은 효과를 내는 것에 가깝다. 그리고 그것은 땀에 흠뻑 젖은 용의자를 압박하고 그들의 몸이 결코 숨기지 못하는 진실을 폭로하겠다고 위협하는 도구로 무수한 영화에 등장하면서 상징적인 문화적 지위를 가지고 있기도 하다.

그렇기에 거짓말 탐지기는 언제나 법의학적·법적 뿌리를 가지고 있었고, 처음부터 범죄와 진실 고백에 몰두하고 있었다. 그러나 그것이 주목을 받기 시작한 바로 그 순간, 그것은 또한 여성 섹슈얼리티의 진실을 밝혀내는 데 몰두했다. 1928년 뉴욕의 엠버시 극장에서 개최된 실험(오늘날 성 연구자들이 수행하는 실험과 별반 다르지 않다)에서, 마스턴과 번은 여섯 명의 여성 합창단원(금발 세 명과 갈색머리 세 명)이 그레타 가르보가 주연한 MGM사의 1926년 무성영화 〈육체와 악마Flesh and the Devil〉의 로맨틱한 클라이맥스 장면을 보는 동안 그들에게 장착한 혈압계로 그들의 흥분도를 기록했다. 기자와 사진기자도 이 실험을 참관하도록 초청됐다(당연하게도 갈색머리가 금발보다 훨씬 더 쉽게 흥분했다).

혈압 검사를 처음 시행하던 시기에 마스턴은 수많은 잡지 기사를 통해 이 기술이 결혼 상담에 크게 기여할 수 있다고 극찬했다. 그는 부인이 남편과 키스할 때의 반응과 매력적인 외간 남자와 키스할 때의 반응을 비교하면 그녀의 신뢰도를 판단할 수 있다고 주장했다. 그렇게 거짓말 탐지기는 또한 언제나 대상, 즉 여성의 거짓말이나 왜곡에 의해 감춰진 몸의 진실을 파헤치는 데 몰두했다. 여성은 거짓말 탐지기가 처음 만들어졌을 때부터 이해할 수 없고 아마도 기만적인 존재로 소환되었다. 거짓말 탐지기는 여성의 성적 욕망, 즉 그녀의 몸이 드러내는 진실을 밝혀낼 것이다.

현대 성 연구가 물신화하는 기술은 질 혈량계, 즉 여성 섹슈얼리티의 진실에 다가갈 수 있다고 여겨지는 삽입형 탐침이다. 거짓말 탐지기가 거짓말을 식별해내길 원한다면, 혈량계는 진실을 식별해내길 원한다. 그러나 둘 다 같은 것, 즉 몸이 우리에게 진실을 알려주고, 그것이야말로 온전한 진실이라는 것을 믿고 있다. 여성의 몸이 읽을 수 있는 표면이 아니라면, 그것은 읽을 수 있는 깊이일 것이다. 거짓말 탐지기와 혈량계가 보기에 섹슈얼리티 혹은 인격의 진실은 표면에 드러나 있지 않으며, 섹슈얼리티의 주체가 신빙성 있게 전달하지도 않는 것 또한 분명하다. 대신 그것은 우리의 내면 깊숙한 곳에 자리하고 있다.

혈량계와 거짓말 탐지기 모두는, 60년 후 린다 윌리엄스가 "가시적인 것의 광란"이라고 명명한 것을 포착하려고 시도한다. 윌리엄스가 1989년에 발표한 획기적인 저서《하드코어》는 포르노그래피 영화를 진지하게 학문적으로 고찰한 최초의 연구 중 하나다. 이 책에서 그녀는 포르노그래피의 발전에 결정적인 역할을 한 것이 여성의 쾌락을 담은 획득 불가한 이미지를 추구하는 것, 즉 남성의 발기 및 사정에 관한 고도로 가시적인 전시와 거울쌍을 이루는 여성의 이미지를 추구하는 것이었다고 주장했다. 하드코어 포르노그래피 영화의 중심 판타지는 "오르가슴적인 흥분이 결코 객관적으로 측정되지 않는 여성의 몸에서 이 가시적인 것의 광란을 포착"하려는 시도라고 윌리엄스는 설명한다.

거짓말 탐지기는 애매한 진실을 포착하기 위해 생리학적 흥분을 측정한다. 혈량계로 성기 흥분의 수치를 측정하는 이유도 마찬가지다. 이 공통의 인식론, 알 수 없는 여성의 욕망을 고정시켜 가시화하는 데 이토록 몰두하는 데에는 결코 부인할 수 없는 성적인 무언가가 있다. 이러한 포착은 성애적이며, 여성 섹슈얼리티의 모호한 진실은 마침내 올가미에 잡힌다. 그것은 정액이 뿜어져 나오는 장면이다. 우리는 여기서 드디어 추악한 진실을 발견한다!

성 연구에서 조사된 여성(실로 성 연구에 의해 만들어진 존재다)은 자기 자신과 다른 사람들에게 자신의 욕망을 비밀로 삼는다. 성 연구자들과 열정적 논평자들은 여성의 섹슈얼리티는 반드시 가시화되어야 하고 눈앞으로 끌어내져야 한다고 주장한다. 흥분은 반드시 추적되고 추궁되어야 하며, 욕망은 가면을 벗기고 폭로되어야 한다. 하지만 욕망의 비밀이 반드시 밝혀져야 하는 이유는 무엇일까?

⚔   ⚔   ⚔

조쉬 아피냐네시의 영화 〈암컷 인간 동물〉에서 자기 자신의 허구적 버전을 연기하는 작가 클로에 아리히스는 작가 레오

노라 캐링턴의 전시회를 위한 큐레이팅을 마무리하고 있다. 공간을 최종적으로 점검하던 중에 그녀는 매력적인 낯선 사람을 흘깃 보게 된다. 그는 마치 테이트 리버풀 미술관의 전시실에서 그녀와 모종의 숨바꼭질 놀이라도 하고 있는 듯하다. 그녀는 비닐 커튼으로 나뉜 전시실 너머로 창문 저편에서 새소리를 내는 그를 얼핏 본다. 그녀는 그 남자를 찾았다가 다시 놓친다. 그녀는 건물을 떠나고, 다시 그를 발견했다가 또 놓친다. 아리히스가 접수원에게 안절부절못하며 두서없이 그를 설명하느라 애를 먹는 와중에, 뒤에서 누군가가 나타난다. 그는 스코틀랜드 야드에서 온 형사였다. 그는 어딘지 모르게 냉담하고 사무적인 어투로 그녀에게 어두운 머리 색에 키 큰 남자가 이 건물 주변에서 목격되었다고 알린다. 형사는 그 남자가 위험하다고 암시하지만, 구체적인 내용에 대해서는 감질날 정도로 모호하다.

아리히스의 환상적 삶은 그녀가 얼핏 본 불가사의하고 모호한 인물에 의해 촉발되었고, 이를 계기로 그녀의 욕망과 호기심이 활성화되었다. 그리고 이렇게 활성화가 이루어진 순간에 뒤이어 그녀가 자신의 욕망을 말로 표명한 순간, 법의학적 관점이 나타난다. 〈암컷 인간 동물〉은 여성의 욕망에 드리운 법률 중심적이고 범죄적인 그림자를 지적한다. 여성은 마땅히 폭력적인 남성을 두려워해야 하지만, 그들은 또한 마땅히 자신의 욕망에 대해 질문하기를 두려워해야 하며, 자신의 욕망을 설명하라는 요구를 받고, 법정에서는 실질적으로, 자신의 머릿속에서는 비유적으로 가혹한 심문의 스포트라이트가 자신에게 비춰지는 것을 두려워해야 한다.

갈망과 호기심이 생기자마자 경고와 의심, 위기와 위험이 정확히 그 자리로 찾아온다. 그리고 그 위험에 대한 여성의 책임이라는 유령도 그곳을 맴돌고 있다. 어찌 됐든 그녀는 계속 경고를 받았기 때문이다. 여성이 욕망을 표현하자마자 그녀의 죄책감이 연루된다. 욕망과 범죄성, 갈망과 책임이 동시에 깨어난다. 여성에게 욕망은 심문을 불러오며, 호기심은 의심을 불러온다. 갈망은 우리의 머릿속에 법을, 우리의 쾌락에 법의학을 불러온다.

아리히스는 마스크를 벗었다. 갈팡질팡하며 혼란스러운 며칠 밤을 보낸 뒤, 그녀는 아침 일찍 집으로 돌아오다 그 미지의 낯선 남자를 자신의 집 밖에서 발견한다. 그들은 햄스테드 히스에서 만나기로 한다. 그는 엉뚱하고 꺼림직하며, 때로는 웃기고 때로는 이상하게 비굴하다. 그들은 결국 호텔 로비에 도착하지만, 그곳에서도 대화는 어색하게 이어진다. 그들은 남자의 방으로 올라가고, 서로 눈치를 보며 머뭇거린다. 그들은 키스를 하고, 침대 위로 올라간다. 남자가 화장실로 사라지더니, 갑자기 웬 비닐 덮개를 들고 나타나서 아리히스를 질식시키려 한다. 그녀는 겨우 도망치고, 남자는 그녀의 뒤를 따라 그 들판의 반대쪽까지 쫓아온다. 결국 남자는 아리히스를 붙잡고, 그녀를 죽이려는 듯하다. 그러나 그 순간 시점이 들판으로 바뀌어 이른 아침의 새소리가 가득 울려 퍼진다. 시선이 다시 돌아왔을 때, 그녀는 남자를 무언가로 힘껏 두들겨 패고 있다. 아리히스는 일을 다 마친 듯하지만, 우리에겐 거의 보이지 않는다.

영화 초반에 아리히스는 자신을 표현하는 것을 불편하고 어려워했다. 연설 행사에서 그녀는 잔뜩 주눅 든 상태로 웅얼거렸고, 전시회 개막식에서 자신이 하기로 한 연설 때문에 불안해했다. 그러나 그 들판의 사건, 아침 일찍 저지른 자신의 폭력 사건 이후에 그녀는 생기와 에너지가 넘치며 예리하고 분명한 사람이 되어 삶으로 돌아간다. 그녀는 한 원고를 음흉한 출판사 편집자에게 신랄하고 자신 있게 제출한다. 예전에 그 사람은 오직 아리히스의 곤경을 이용하는 데에만 열을 올리고 있었지만, 이제는 그녀의 거침없는 태도에 당황스러움을 감추지 못한다. 그녀는 캐링턴 작가에 대한 인터뷰에서 즐거움과 확신을 가지고 유창하게 말한다. 그녀의 열정이 다시 돌아오고, 삶은 더 선명하고 분명해진 듯하다. 그녀의 친구들이 그 낯선 남자와의 데이트에 대해 물어보자, 그녀는 이렇게 답한다. 아, 결국 내가 돌로 그 남자 얼굴을 박살내고 끝났지. 그들은 다 같이 웃는다.

※　　※　　※

많은 논평가들이 성 연구를 활용하여 만드는 서사는 다음과 같다. 여성은 탐욕스러운 욕망을 가지고 있지만, 여성이 성욕을 가지고 있음을 수치스럽게 여기는 사회가 그것을 제지

한다. 여성의 욕망은 강력하지만 억제되어 있으며, 따라서 여성의 '진정한' 욕망의 강력함을 주장하는 것은 그 자체로 해방적이다. 여성에 대한 과학적 지식은 곧 해방이며, 특히 그것이 강력한 리비도를 발견한다면 더욱 해방적이다.

그러나 이 서사는 한층 더 깊고 어두운 선입견을 말하고 있다. 이러한 연구와 이에 대한 온갖 이야기들 뒤에 맴도는 전제는, 남녀 사이의 복잡한 역학을 다스리기 위해서는 우리가 반드시 여성의 성적 욕망에 대한 진실을 알아야 한다는 것이다. 최근 수년 동안, 우리는 이 역학이 서로 간의 지극한 몰이해와 분노와 원망을 가지고 전개되는 양상을 지켜봐 왔다. 이는 동의 수사에서도 잘 나타난다. 여성의 욕망을 강조하면, 섹스에서 명시적인 말로 열정을 드러내는 여성에 대한 낙인을 없애줄 것이며, 여성을 안전하게 보호하고 오해의 가능성을 방지할 것이다. 여성의 섹슈얼리티를 다스리고 그것을 올바르게 설명하는 것은, 성폭력에 대응하고 그것을 해결하는 한 가지 방법이다.

그러나 이렇게 여성의 섹슈얼리티를 추적하는 성 연구의 법의학적, 탐문적인 성향은 여성이 무언가를 진정으로 원했는지 찾아내야 한다는 필요성에서 추진력을 얻는다. 왜 여성의 욕망은 그토록 무거운 부담에 짓눌려 있어야 하는가? 우리는 왜 그토록 여성의 욕망에 집착하는가? 먼저 그것이 중요한 기능을 한다고 여겨지기 때문이다. 한편으로 그것은 여성에게 가해진 폭력의 위험을 관리할 책임을 여성에게 다시 새긴다. 그리고 다른 한편으로는 다른 사람들을 책임에서 벗어나게 해준다. 남성의 행동이 정당한지 판단하려면 여성의 비밀스러운 욕망이 반드시 밝혀져야만 한다. 여성의 욕망은 남성을 면책시킬 수 있다.

그러나 섹스를 다시 좋은 것으로 만들기 위한 부담은 왜 꼭 여성, 여성의 섹슈얼리티, 즉 우리가 밝혀낸 여성에 대한 진실이 떠안아야 하는가? 왜 여성이, 왜 섹슈얼리티 자체가 본질적으로 사회적이며 명백하게 집단적인 현상의 부담을 짊어져야 하는가? 심지어 그 현상은 남성성의 규범과 밀접하게 얽혀 있지 않은가?

몸이 하는 행동과 여성이 하는 말 사이에 균열이 있다는 의미의 불일치성은, 정확하게도 여성은 자기 자신을 모른다는 전제를 암시하기 때문에 강렬한 관심을 불러일으켰다. 그런데 우리는 여성의 욕망에 대해 그들 스스로가 파악한 지식에 너무나 크게 의지하고 있기에 그 전제는 우려를 자아낸다. 우리는 이러한 지식을 섹스에서 여성이 안전을 확보하기 위한 조건이자, 쾌락 및 비폭력의 가능성을 위한 조건, 혼란스러운 비난으로부터 남성을 보호할 수 있는 조건으로 만들었을 뿐 아니라 훌륭하고 적극적인 페미니즘의 조건으로 만들었다. 불일치성은 불편한 사실이다. 여성이 자신의 진정한 육체적 욕망을 모른다면, 그들은 자신의 욕망을 알고 그것을 큰소리로 자신 있게 주장하라는 명령을 이행할 수 없다. 그들은 자신의 어깨에 윤리적이고 비강압적이며 즐거운 섹스를 짊어진 훌륭한 성적 주체, 이상적인 시민이 될 수 없다. 그들 스스로가 자신의 역량 강화를 가로막는 장애물이다.

여성에게 자신의 억압된 욕망에 관한 진실을 발견하고, 인지하고, 말하라고 요구하면서 우리는 자기 지식을 억압과 대립시키고 자기-투명성을 어둠과 대립시킨다. 여성이 자신의 욕망을 알지 못하고 말하지 않는다면, 그녀는 결과적으로 자기 자신을 억압하는 것은 물론, 다른 사람이 자신을 강제적으로 다루게 만드는 죄를 짓는 셈이다. 성 연구도 이렇게 엄격한 관점을 적용한다. 과학적 지식이 여성의 힘을 기르고 그들을 보호할 것이다. 그러나 우리가 좋은 섹스, 즉 흥분되고 즐거우며 비강제적인 섹스를 원한다면, 우리는 언제나 모든 것을 알고 있는 것처럼 행동하고 말해야 한다는 요구를 받지 않아야 한다.

우리는 폭력에 대한 두려움과 그러한 위험을 관리해야 할 필요성이 우리의 사고에 아주 깊숙이 자리 잡은 나머지, 그것을 중심으로 우리의 섹슈얼리티를 조직하려 하기에 이르는 경우가 너무 많다. 즉, 폭력으로부터 우리를 보호해줄 수 있다고 짐작되는 방식으로 섹슈얼리티를 정의하는 것이다.

그러나 여성이 학대당하지 않기 위해 여성의 섹슈얼리티가 학대로부터 격리되어서는 안 된다. 여성에게 어떤 학대도 인정하지 않는 섹슈얼리티를 가져야 할 책임이 있는 것이 아니다. 다른 사람에게 여성을 학대하지 않을 책임이 있다. 특정 지식을 물신화하는 경향은 여성이든 남성이든 그들이 풍부하고 흥분되며 즐거운 섹스를 할 수 있게 되는 것과 아무 관련이 없다. 우리는 미지의 대상을 탐구해야만 한다.

4

취약성에 대하여

여성의 욕망에 대한 권한은 여성 자신에게 있다고 주장하고 싶은 유혹이 있다. 여성은 자신이 원하는 바를 정확히 알고 있다 주장하고 싶은 유혹 말이다. 그러나 섹슈얼리티에 대해서든, 다른 어떤 것에 대해서든 자기 자신에 대해 온전히 권한을 가지고 있는 사람이 있을까?

나는 없다고 생각한다. 게다가 그렇게 주장하는 것이 우리에게 신통한 효과가 있는지조차 확신할 수 없다. 여성은 자신에 대한 권한을 가지고 있지 않다. 이는 여성이 남성과 달리 자신의 '진정한' 욕망을 감지하지 못해서가 아니라, 그 누구도 자기 자신에 대한 권한을 가지고 있지 않기 때문이다. 아마 섹스에 관련해서는 더더욱 그럴 것이다. 그리고 왜 여성이 폭력으로부터 안전하려면 반드시 자신을 알아야만 한단 말인가?

※　　※　　※

페미니스트 이론가 앤 스니토우는 지난 수십 년간의 사회 활동 및 집필 활동을 돌아보는 최근 인터뷰에서 다음과 같이 말했다.

"우리는 여성에 대한 폭력은 용납될 수 없다는 점을 분명히 밝히려고 노력하고 있습니다. 우리 스스로를 위협하지 않으면서 폭력을 가시화하려고 하고 있어요. 까다로운 기술이죠."

미투 산얄은 자신의 저서 《강간》에서 강간 반대 운동이 역설적으로 일부 페미니스트가 남성들이 얻어내려 한다고 지적했던 그 지점, 즉 '여성 인구의 상당 부분이 끊임없이 두려움에 떨며 사는 것'에 정확히 도달했다고 주장한다. 남성의 폭력과 그에 대한 자신의 취약성이 여성의 머릿속에서 좀처럼 떠나지 않게 되면, 여성이 두려움으로 인해 아무 행동도 하지 않고 수동적인 상태에 빠지게 될 위험이 있다. 이는 또한 그들을 통제하기 위한 구실이 될 수도 있다.

이러한 동학은 미국 작가 수잔나 무어의 1995년 소설 《인 더 컷》에서 탐구된 바 있다. 주인공 프래니는 빨간 머리의 젊은 여성이 맨해튼에서 살해당한 사건을 조사하는 형사 말로이를 만나게 된다. 프래니는 살인사건이 있던 날 밤 그 여성이 말로이에게 오럴 섹스를 해주는 장면을 봤다고 확신하고 있다. 이 책에서는 말로이는 물론 프래니의 친구 존, 제자인 코넬리우스 등 수많은 남성이 여성은 길거리나 자기 집에서 무방비 상태일 수밖에 없음을 여러 번 거듭 강조한다. 프래니는 다음과 같이 서술한다.

"(말로이는) 내 안전을 걱정했다. 나는 조심성이 부족하다. 나는 지하철을 타면 안 된다. 낯선 사람에게 말을 걸어서도 안 된다. 문단속을 잘해야 한다. 이런 식으로 살면 내 아파트에는 아무나 침입할 수 있을 거라고 그는 말했다."

폭력의 위협, 영원히 여성 주변을 맴도는 폭력의 가능성은 남성이 여성을 보호할 근거를 제공하기도 하지만, 남성이 여성에게 접근할 근거가 되기도 한다. 그렇기에 이러한 위협을 상기시키는 일은 일종의 경고, 즉 자연화된 폭력의 위험에 대해 여성의 일거수일투족을 어느 정도 책임 관리할 수 있게 만드는 한 가지 방식이기도 하다. **그녀는 경고를 받았다. 그녀는 더 현명하게 처신했어야 한다.**

빨간 머리 여성의 살인범을 쫓는 사냥이 진행될수록, 프래니는 여러 명의 남자에게 감시당하고 있다고 느낀다. 그리고 여전히 살인범이라고 생각하며 두려워하고 있는 말로이와 성적 관계도 깊어진다. 그리고 끔찍한 일이 벌어진다. 프래니는 소중한 사람의 시체를 발견한다. 범인이 또 살인을 저지른 것이다. 말로이가 현장에 도착하고, 나중에 프래니는 그에게 무엇을 보고 무슨 일을 했는지 묻는다. 그녀가 끔찍한 상황을 상세히 알고 싶어 하자, 말로이가 이유를 묻는다. 프래니는 답한다.

"그래야 내가 상상할 수 있으니까. 그래야 잠을 잘 수 있거든."

그녀는 자신이 두려워하는 것, 자신이 공포스러워하는 것을 시각화하고 싶어 한다. 이렇게 우리는 가장 두려워하는 것을 상상하고, 그런 뒤 길들이는 방법을 찾아야만 할까? 공격이나 최악의 상황에 대한 두려움이 우리 자신의 두려움일 때는 언제이고, 다른 사람의 판타지일 때는 언제일까? 지금껏 우리 앞에 출몰해왔고 상상하라고 강요받아왔던 무시무시한 모습의 유령은 누구의 것일까? 어쩌면 우리는 최악의 상황을 막기 위해 최악의 상황을 계속 생각해야 하는지도 모른다. 최악을 없애기 위해 최악을 상상하고, 최악을 떨쳐버리기 위해 먼저 나서서 최악을 차지한다. 섹스가 정신적으로 폭력에 오염되는 것은 전혀 놀랄 일이 아니다.

소설이 충격적인 결말에 도달하기 전에, 말로이는 지역 방언 학자인 프래니에게 '인 더 컷in the cut'이라는 구절에 대해 말하고, 그녀는 그것을 받아 적는다. '인 더 컷'은 도박꾼들이 사용하는 표현으로, 원래는 '질'을 가리키는 말이었으나, "무언가를 숨길 수 있는 장소, 판돈을 분산시키는 것. 그러면서도 안전한 곳, 해를 입지 않을 곳"이라는 의미로 쓰인다고 말로이는 말한다. 누구로부터 안전하다는 걸까? 한편, 프래니의 성생활은 취약성과 굴복감과 더불어 찾아오는 쾌락과 두려움 속에서 줄타기를 하고 있다. 어느 날 밤, 이 둘은 말로이의 사무실에서 섹스를 한다. 말로이가 프래니를 엎드리게 한 뒤 수갑을 채운다. 그리고 자신의 손가락을 그녀의 항문에 넣는다.

"지금 뭐하는 거야?" 내가 속삭였다. 뭘 하는지 뻔히 알면서도 말이다. 마치 나는 그가 무슨 짓을 하려는지 모르는 척해야만 하는 것 같았다. 닫혀 있던 것을 열기. 끈질기게 요구하기. 나를 고정하기. 나를 개봉하기. 그리고 마침내. 나는 한 남자에게 속하기를 바라지 않는 사람이었다. 나는 누구에게도 속하고 싶지 않았다. 나는 고정되거나 억눌리고 싶지 않았고, 닫아둔 것이 열리고 싶지도, 마음을 다치고 싶지도 않았다.

그러나 프래니는 곧바로 이렇게 말한다.

"나는 고정되고, 억눌리고 싶었다. 열리고 싶었다. 선택받고, 구애받고, 나를 차지하기 위해 싸우고, 불려나가고 싶다는 오랜 갈망."

프래니는 타인에게든 스스로에게든 자신의 욕망에 대해 안다고 생각하는 것보다 덜 알고 있는 척해야 한다. 그러나 욕망은 결코 고정되지 않으며 그녀는 두려움과 씨름하고 있기 때문에, 그녀가 자신의 욕망을 모르는 것 또한 사실이다.

그녀는 섹스를 통해 제자리에 고정되기를 원하기도 했고 원하지 않기도 했다. 이 소설은 폭력이 도처에 도사리고 있음을 인식하고 있음에도 불구하고가 아니라 인식하고 있기 때문에, 한없이 깊고 고통스러울 정도로 에로틱하다. 운이 좋다면, 섹스는 그저 흥분되고 만족스러운 것에 그치지 않는다. 그것은 또한 우리의 가장 깊은 두려움, 가장 깊은 고통을 건드린다.

그러나 어떻게 우리 자신을 두려워하지 않을 수 있단 말인가? 지금까지 살펴보았듯이, 많은 비평가가 폭력에 대한 여성의 취약성을 강조하는 페미니즘에 대해 손사래를 치며 우려를 표명해왔다. 《불필요한 진보》에서 키프니스는 다음과 같이 썼다.

"여성을 예속시키기 위해 이 세상 모든 곳에 공격이 도사리고 있다고 믿게 만드는 것보다 더 좋은 방법은 생각해낼 수 없다."

그러나 분명 이것은 잘못된 이분법이다. 성애로 통하는 문을 열어두기 위해 반드시 이 세상에 만연한 폭력을 부인할 필요는 없다. 소설 《인 더 컷》이 지닌 힘 중 일부는 섹스의 쾌락에 대한 여지를 충분히 마련해두는 동시에 그것의 공포를 선명히 드러내는 데 있다. 소설에서 욕망과 공포는 성생활의 묘사 속에서 서로 대립되거나 서로 다른 영역으로 분리되지 않는다. 대신, 그 둘에는 심리적 의미가 부여된다. 욕망은 실낱처럼 빛날 수 있고, 그럴 때마다 폭력이 희미하게 모습을 드러낸다. 《인 더 컷》은 위협과 두려움이 성애적인 것에 동원될 수 있다는 점을 인정한다. 이는 우리가 위험을 무릅쓰고 무시하는 어떤 것이다.

�֎   �֎   ✖

2011년에 출간된 《당신이 진정으로 원하는 것: 똑똑한 소녀의 섹스와 안전을 위한 수치심 없는 안내서》에서 재클린 프리드먼은 이 책의 타깃 독자인 어린 소녀와 젊은 여성들에게 다음과 같이 말한다.

> "누군가와 가장 먼저 섹스에 대해 소통하는 법을 배워야 한다면, 그 상대는 바로 당신 자신이다. 당신이 섹스와 관련하여 자신이 원하는 것과 원하지 않는 것을 스스로 인정할 수 없다면, 그 내용을 다른 누구와도 공유할 수 없는 상태일 뿐이다."

프리드먼은 여성들이 직면하는 가장 결정적인 어려움 중 하나가 자신의 '진정한' 욕망을 발견하지 못하게 가로막는 장애물들이라고 말한다. 이 책은 묻는다.

> "섹슈얼리티에 관해 생각할 때, 당신의 섹슈얼리티를 멋

대로 정해주는 데 여념이 없는 문화 속에서 당신은 어떻게 스스로를 정의하겠는가?"

마찬가지로 《틈새를 주의하세요: 욕망에 대한 진실과 당신의 성생활을 지속가능하게 만드는 법》에서 캐런 거니는 다음과 같이 썼다.

"당신의 섹슈얼리티가 파트너의 섹슈얼리티와 완벽한 궁합을 이루며 맞아떨어지기를 기대하기 전에 먼저 본인의 섹슈얼리티가 작동하는 방식을 확실히 이해하는 것이 필수적이다."

이런 책들은 분명히 성적 문화에서 여성에게 결국 불행한 방식으로 작용하는 문제를 너무 많이 일으키곤 하는 악역이 아니다. 그들은 진정으로 중요한 질문을 제시하며, 특히 상충되는 압력과 불가능한 요구의 집중 공격을 받고 있는 여성들에게 유용한 조언을 제공한다. 많은 여성에게 압박에 구애받지 않고 자신의 섹슈얼리티를 충분히 탐구할 자격이 있다는 조언이 간절히 필요하다. 파트너가 해주지 않고 문화를 통해 일상적으로 접하는 이미지도 아닌 것 중에 그들이 원하고 좋아하는 것이 있을 수도 있다는 조언, '싫다'고 말할 수 있고 원하는 바를 말할 수도 있다는 조언이 절실히 필요하기도 하다.

특히 너무나 많은 나라에서 충격적일 정도로 부족한 성교육과, 성교육이 존재한다 해도 여성의 쾌락에 대해서는 거의 완벽할 정도로 침묵하는 상황을 고려할 때, 이 모든 조언은 너무나 중요하다. 쾌락은 여성 내면에서도 심각하게 우선순위가 낮은 경우가 많고 그들은 파트너의 쾌락과 만족을 자신의 것보다 훨씬 더 절실한 문제로 경험한다고 주장하는 연구를 고려했을 때도 그렇다.

그러나 우리는 **다른 사람과의 상호작용과는 별개로** 발견될 수 있는 섹슈얼리티가 있다고 주장하면서 모종의 희망적 사고를 하고 있는 것일지도 모른다. 누군가가 '진짜 진짜' 원하는 것(마치 그것이 어딘가에서 찾아내 섹스의 영역으로 가져올 수 있는 하나의 대상이라는 듯이)이라는 관념이 까다로운 이유는 그저 섹스를 어떻게 시작해야 하는가의 문제 때문이 아니다. 성적인 모든 것에는 처음이 있고, 그것은 반드시 미지의 것이며, 불확실성으로 가득 차 있다. 모든 성적 만남은 고유하며, 강력한 불확정성을 가지고 있다. 우리가 지금까지 어떤 경험을 해봤고, 예전에 무엇을 좋아했든 상관없이 어떤 성적 경험에서 무슨 일이 벌어질지, 우리가 그에 대해 어떻게 느끼게 될지는 결코 알 수 없다. 그리고 이것이 바로 성애적인 것의 힘이다.

거니는 수치심 없이 쾌락을 추구하도록 독려해주는 가정에서 자라난 여성과 초기적 성적 경험의 일부로 자위를 즐기는 여성은 "정확히 자신의 어디를 만져줬으면 좋겠는지 알게 되었을 것"이라고 썼다. 그러나 그녀는 상황을 과장한다. 우리의 섹슈얼리티는 우리가 혼자서 온전히 발견한 뒤 다른 사람의 섹슈얼리티와 꼭 들어맞게 '궁합을' 맞춰볼 수 있는 것이 아니다. 우리가 스스로를 만지는 방식이 언제나 다른 사람이 나를 만져주길 바라는 방식의 청사진이 되는 것은 아니다. 당연한 말일 수도 있지만, 자위는 섹스가 아니다. 섹스의 즐거움 중 하나는 정확하게도 예전과 다르고 새로운 애무 방식을 발견하는 것, 즉 미지의 상황에 취약해지는 것이다.

✲　　✲　　✲

우리가 혼자서 자신의 섹슈얼리티를 발견할 수 있다는 생각은 많은 여성이 겪은 끔찍한 성적 경험에 대한 불안에서 나온 납득 가능한 반응이다. 자신의 경계를 침범당하거나, 바라는 바를 말했지만 무시당하거나, 섹스에서 쾌락을 거의 느끼지 못한 경험들로 인해 여성들은 취약성, 수용성, 다공성porousness을 신뢰할 수 없게 되었을 수도 있다. 자기 규정self-definition과 경계 설정의 중요성은 인종차별적 폭력과 상처의 경험에서도 발생한다. 흑인 레즈비언 페미니스트 작가 오드리 로드 또한 〈표면에 흠집 내기: 여성과 사랑을 가로막는 장벽에 대한 단상들〉에서 다음과 같이 썼다.

　　"우리가 우리 스스로를 정의하지 않는다면, 자신들에게는 유리하지만 우리에게는 해가 되는 방식으로 다른 사람들이 제멋대로 우리를 정의하리라는 것은 (흑인 남성과 여성에게) 자명하다."

많은 여성에게 삶과 섹스는, 한편으로는 강화하고 굳게 쌓아올리고 밀어내야 할 필요와 또 다른 한편으로는 수용하고 녹이고 허용해야 할 필요 사이에서 벌이는 복잡한 난투극이다. 특히 여성은 자신의 삶을 지배하는 취약성을 알고 있다. 여성들은 이를 너무나 자주 실질적 폭력과 침해의 형태나 그에 대한 끊임없는 경고의 방식을 통해 고통스럽고 강제적으로 알 수밖에 없다. 침해할 수 없고 완전히 자율적이며 확고한 경계를 가지고 있는 자신, 그리하여 침입을 물리칠 수 있는 자신을 상상하는 것은 이루 말할 수 없이 매력적이다. 자신이 취약하다고 느끼면, 취약성에 대비하고 싶은 마음, 아무도 자신을 해칠 수 없도록 자신을 강화하려는 판타지가 생기게 마련이다. 하지만 그러면 결국 아무것도 당신에게 도달할 수 없다. 취약성이 지닌 가치까지 모두 부정하지 않고서 어떻게 자신을 보호할 수 있겠는가? 로드는 이렇게 질문한다.

"사랑을 느끼기 위해, 두려움을 회피하지 않고 두려움에 지배당하지도 않는 방법, 자기 감정을 즐기는 방법은 무엇일까?"

섹스라는 영역에는 취약함 속에서 얻을 수 있는 쾌락이 있다. 주춤주춤 물속으로 걸어 들어갈 때 얻는 아찔한 보상, 몸이 닿는 순간 숨이 멎을 것 같은 긴장, 황홀경을 발견한 순간의 안도가 섹스를 즐겁게 만드는 요인이 될 수 있다. 만일 기쁨과 변화를 경험하고자 한다면, 우리는 취약해져야 한다. **위험을 감수하고 미지의 상태에 열려 있어야 한다.** 그것은 한데 묶여 있다. 쾌락은 위험을 수반하며, 그것은 결코 미리 배제하거나 회피할 수 없다. 우리가 어떤 사람이든 성적 만족을 찾는다면, 그것은 취약성에 맞서 자신을 빈틈없이 강화하는 노력을 통해서가 아니다. 자신의 보편적 취약성을 인정하고 그것을 받아들이는 자세를 통해서다.

수용성 역시 쾌락에서 결정적인 부분이라 할 수 있다. 수용성은 절묘할 정도로 모호한 특성이다. 그것은 환대하고 개방적이고 유혹적이며, 바로 그런 의미에서 위험을 담고 있다. 외부 존재를 자기 안으로 들이고, 다공적인 상태가 되며, 타인의 필요와 욕망에 민감하게 반응하는 것을 통해 사람들은 타인의 감정에 관심을 기울일 수 있고, 자신을 다른 사람의 손에 맡길 수 있다.

내가 누군가를 안으로 초대할 때, 그들을 안에 들이고 싶을 때, 나는 결코 그들이 내가 원하는 방식으로 들어올 것이라고 확신할 수 없다. 뿐만 아니라 내가 그들이 어떻게 들어오길 원하는지 언제나 미리 알고 있는 것도 아니다. 이것이 타인을 섹스로 초대하는 것이 그토록 어려운 이유이자, 그

초대가 그토록 감동적일 수 있는 이유다. 누군가의 욕망에 부응하고, 그 욕망 안에서 생경한 일을 경험하는 것은 서로를 믿고 두려움을 협상하며 이루어지는 하나의 실천이다. 그것이 잘 맞아떨어지면, 기적처럼 느껴질 것이다. 안전함과 위험함의 정도가 절묘하게 알맞고 안락함과 도전의 비율이 더없이 적절한 마법 같은 충돌이다. 이것은 익숙함과 낯섦, 편안함과 생경함의 융합을 만들어낼 수 있는 몸과 마음의 드물고도 신비한 연금술이다. 이 순간은 드물기 때문에 소중히 여겨야 한다.

섹스에 빠져드는 것, 자신을 강렬함의 장소로 보내는 것, 당신이 원하는 바를 아는 상태와 모르는 상태 사이의 실낱같은 공간으로, 행동을 통제하는 것과 행동에 압도되는 것 사이의 좁은 틈새로 향하는 것, 좁은 도랑에서 쏟아져 나와 어디로 향하는지 좀처럼 알 수 없는 이 세찬 물살에 휩쓸려 가는 것은 상대방에 대한 신뢰라는 어마어마한 부담을 수반하며, 그 신뢰에는 상대가 학대할 자유를 포기해 줄 것을 믿는 태도까지 포함된다. 우리는 이렇게 말할 수 있기를 원한다. *나는 당신이 나를 해치지 않으리라 믿는다. 나는 당신이 당신의 힘을 남용하지 않으리라 믿는다.*

물론 이것은 어마어마하게 어려운 일이고, 어쩌면 그저 희망적 사고일지도 모른다. 이와 비슷한 순간을 아주 잠깐 만날 수 있기만 해도 행운이다. 게다가 많은 남성이 섹스와 관련된 취약성을 남용한다는 점을 고려할 때, 이러한 개방은 여성들에게 위험하다. 더구나 여성이 섹스에 자신을 내던지면 이를 곧장 자율성이나 안전을 포기한 것으로 해석하려는 문화를 고려하면 더더욱 그렇다("더 세게 해줘"라고 말하거나 네 발로 엎드려서 섹스를 한 것이 어떻게 법정에 다시 출몰하여 여성을 괴롭혔는지 기억하는가?).

남성 역시 그러한 내던짐에 상당한 두려움을 가지고 있다. 지배자의 지위를 포기하면 그들도 사회적으로 처벌을 받기 때문이다. 섹스는 성별을 막론하고 많은 사람에게 고통과 트라우마이자 강렬한 위태로움의 영역이다. 게다가 즐거운 취약성이라는 이상은 섹스에 대한 우리의 지배적 이해와는 암담할 정도로 거리가 멀어서, 오히려 그것 때문에 욕망에 대한 선명하고 투명한 자기 인식의 언어가 더 매력적으로 다가올지도 모른다.

⚝   ⚝   ⚝

BDSM 혹은 '변태적 성적 취향kink'의 수행자들이 동의에 대해 어떤 식으로 솔직하고 명시적이며 실용적인 접근을 훌륭하게 실행하고 있는지에 대해 많은 논의가 이루어졌다. 그들이 분명한 토론과 명시적 동의와 같은 접근방식을 발전시켜온 것은 우연이 아니다. 자신을 취약한 입장—다칠 위험이 있는 곳, 고통이 접근되고 허용되는 곳, 섹스가 명시적으로 지배를 가지고 놀고, 원하는 것과 원하지 않는 것의 경계를 가지고 노는 곳—에 위치시키면, 분명한 규칙과 뚜렷한 경계, 그리고 협상의 여지없이 바로 중단하라는 신호인 세이프 워드safe word를 만드는 것이 결정적으로 중요하다.

사실 모든 섹스는 권력과 권력의 포기를 가지고 노는 것과 알기와 모르기 사이의 모호한 공간을 가지고 노는 것을 포함한다. 모든 섹스에서 우리는 본질적으로 취약하다. 벌거벗고 있는 데다 신체적으로나 정신적으로 다치기 쉽다. 그리고 어떤 섹스에서든 미리 우리의 욕망과 쾌락의 윤곽을 그려보고, 해도 되는 것과 안 되는 것, 좋은 것과 싫은 것을 표현하는 데서 얻을 수 있는 안전과 안도감이 있다. 다른 사람들은 물론 자기 자신과도 만들 수 있는 이러한 유형의 선제적 협상은 쾌락, 해방, 모험을 경험하기 위해 반드시 필요한 조건일 수도 있다. 즉 쾌락이 나타날 가능성이 있는 유일한 위치일지도 모른다. 그리고 여성의 신체를 마음대로 할 권리가 있다고 교육받아 온 강압적인 남성들 앞에서 자기 지식과 자신이 설정한 한계에 대한 단호한 주장은 매우 강력한 설득력을 지닐 수 있다.

하지만 이러한 경계 설정, 바로 '우리는 어떤 사람이며 원하는 바는 무엇인가'에 대한 주장이 하나의 전략적 입장이 아니라 자기 자신의 일부로 굳어져버릴 위험이 있다. 섹스의 쾌락 중 하나가 정확하게도 그것의 **가변성**이다. 즉 전혀 예상치 못한 방향으로 섹스가 전개될 수 있는 가능성이자, 한 번도 생각해보지 못했던 곳에 우리가 도달해 있을 수 있는 능력임에도, 그러한 주장만이 고정되어 굳어지기 시작하는 것이다. 우리는 상처를 피하기 위한 전략을 전혀 다른 것, 즉 우리 자신에 대한 본질적 진실로 혼동해선 안 된다. 우리 자신에 대해 알고 있는 바를 단단히 붙잡고 있는 태도는 문제의 이상적인 해결책이라기보다 문제의 한 가지 증상일 수도 있다. 알고 있는 바가 우리의 지평의 한계를 구성해선 안 된다. 우리는 더 많은 것을 열망해야 한다.

《섹스, 혹은 참을 수 없는 것》에서 로렌 벌랜트와 리 에델만은 불안이 "우리가 즐기려고 하는 것에 너무 가까이 접근"했음을 알리는 신호일 수도 있다고 지적한다. 그들은 섹스가 "너무나 무거운 낙관주의의 부담과 더불어 종종 압도적인 불안의 부담"을 짊어지게 되었다고 주장한다. 우리가 즐거움에 더 가까이 다가갈수록 "그것으로부터 우리를 방어해야 할 필요도 한층 더 커지기" 때문이다. 섹스는 **정확히도** 강렬한 쾌락의 위험을 무릅쓰는 영역이기 **때문에** 불안과 방어를 유발할 수 있다. 통제를 포기하는 것은 너무나 불안정한 일이기 때문에 우리는 그것을 중단시키고, 벌랜트와 에델만의 표현에 따르면 "우리가 가지고 있다고 추정되는 주권"을 방어하고 싶어진다.

여기에 사태의 핵심이 있다. 섹스와 욕망은 우리의 주권에 대한 감각, 자신을 알고 있다는 감각, 통제하고 있다는 감각 등을 망가뜨린다. 그들은 우리가 발 딛고 있는 지반을 뒤흔들어 버린다. 섹스가 여성에게 열광적인 집착을 일으킬 수 있다는 것은 놀랄 일이 아니다. 그리고 남성에게 섹스가 보상받아야 할 무력감과 분노를 유발할 수 있다는 것도 신기한 일이 아니다.

※　　※　　※

마티 디오프의 첫 장편 영화 〈애틀랜틱스〉는 부유한 지역 남성인 오마르와 결혼을 앞두고 있는 젊은 다카르 여성 아다의 이야기를 다룬다. 그러나 아다는 지역 건설 현장으로부터 몇 달째 임금을 받지 못한 노동자인 슐레이만을 사랑하고 있다. 슐레이만은 다른 여러 동료와 함께 일자리를 찾아 바다 건너 스페인으로 향한다. 하지만 그는 다카르로 돌아오지 못하고, 으스스한 유령의 모습으로 다시 나타날 뿐이다. 시간이 흘러 아다는 어쩔 수 없이 오마르와 결혼한다. 그리고 아다는 비참해진 채로 그를 떠난다. 그녀가 오마르에게 함께 집으로 돌아가지 않겠다고 말하자, 그는 이렇게 소리친다.

"어차피 넌 나를 흥분시키지도 못했어."

이러한 모욕, 처벌, 욕망 표현의 철회는 거절당했을 때 흔히 사용되는 책략이다.

섹스에 대한 거절은 왜 그토록 분노를 일으킬까? 남성이 섹스라는 개념과 맺는 관계에서는 어떤 불확실성, 어떤 취약성이 다루어지거나 우회되고 있으며, 이로 인해 여성의 쾌락과 안전뿐 아니라 남성의 즐거운 경험에는 어떤 대가가 발생하게 될까? 프로이트를 포함한 많은 이가 이성애 남성성이 발달하기 위해서는 우리 모두가 평생 의존해왔던 모성과의 동일시에서 벗어나는 과제가 매우 긴급하다고 주장했다. 남자아이의 경우 이러한 필요는 적대감과 밀접하게 얽혀서 여성적이라고 여겨지는 모든 것과, 모성과 연관되는 모든 것을 거부하거나 배제하기에 이를 수 있다. 그런 특성에는 물론 의존성, 취약성, 다공성도 포함된다. 관계로 인해 훼손되는 일을 피하기 위해서는 탈 여성화해야 하며, 어린 시절과 연관되는 의존성을 떨쳐버려야 한다. 그리고 자신의 충성심을 정신분석가 제시카 벤저민의 표현대로 '의존성의 모성'에서 '독립성의 부성'으로 옮겨야 한다. 이 과정에서 욕망과 사랑은 고통스럽게 분열될 수 있다. 모성으로부터 사랑받을 수 있지만, 그녀는 성적 존재가 아니다. 그리고 자신이 욕망하는 성적 존재로부터 동시에 사랑을 받을 수도 없다.

여성성과의 비동일시는 동의 문화가 내세우는 적극적으로 욕망하는 이상적 여성상이 양날의 칼인 또 하나의 이유이기도 하다. 이러한 여성은 페미니즘 사상 내에서 종종 가능성의 지평으로 그려지곤 한다. 여성이 남성만큼이나 욕정이 넘치고, 그것을 말로 드러낼 수 있는 진정으로 해방된 세계 말이다. 물론 그녀는 또한 남성의 욕망의 대상으로 그려진다. 억압되지 않고 해방된 그 모든 것에 대한 포르노그래피적 표현이자 표적으로서의 여성이다. 여성들에게 자신의 성적 욕망에 대해 분명하고 확실해지라고 촉구하면서, 동의 문화의 지지자들은 그들에게 남성적 판타지의 대상이 되라고 요구하고 있다. 그러나 남성적 판타지의 대상이 되는 것은 위험한 상태다. 그녀는 인정·흥분·기쁨을 유발할 수도 있지만, 때로는 심지어 같은 사람에게서 혐오·경멸·적대감을 불러일으킬 수도 있다. 성적으로 욕망하는 여성은 이루어진 소망인 **동시에** 혐오스러운 대상이 될 수 있으며, 남성은 갈망하는 **동시에** 비판적이고, 흥분하는 **동시에** 처벌하는 태도를 보일 수 있다.

어떤 남성은 자신이 원하는 것에 적대감을 느낀다. 어떤 남성은 자신이 갈구하는 것을 경멸한다. 어떤 남성은 자신이 욕망하던 것을 '획득'하고 나면 그에 대해 가차 없이 증오한다. 이는 D. H. 로렌스가 포착한 동학이기도 하다. 그는 자신의 1929년 소책자 《포르노그래피와 외설》에 다음과 같이 썼다.

"많은 남자가 여성과 섹스를 하고 나면 의기양양하게 자신이 그녀를 더럽혔으며, 그녀는 이전에 비해 더 비천하고 싸구려이고 경멸스러운 존재가 되었다고 느낀다."

그리고 적극적으로 상대를 욕망하는 것은 마땅히 남성의 역할이라고 생각하기 때문에, 욕망이 강한 여성을 만나면 남성은 남자다움을 거세당하는 듯한 감각을 경험할 수도 있다.

※   ※   ※

"여자애가 '싫다'고 말하면 한층 더 투지가 불타올라요, 더 신나기도 하고요!"

델핀 딜리와 블랑딘 그로장의 2018년 다큐멘터리 〈동의 없는 섹스〉에서 한 젊은 남성은 이렇게 말한다. 동의 문화가 '좋다'고 말하는 태도를 열광적으로 재평가하는 것이 근시 안적인 또 하나의 이유다. '싫다'고 말하는, 혹은 주저하는 여성이 남성들에게 더 매력적으로 보일 수 있는 것은, 그들이 조신해 보일 뿐만 아니라 남성들에게 도전해야 할 과제, 성공하면 자신의 남자다운 능력을 인정받을 수 있는 과제를 제시하기 때문이기도 하다(유혹 전문가들은 여성의 '체면상 튕기기'와 '막판 저항'을 극복하는 것에 대해 자세히 설명하면서, 그들이 정말로 여성들이 성적 수치심을 느끼지 않는 세상을 바라지는 않는다고 말한다. 그들은 그저 여성의 수치심을 넘어서는 사람이 되고 싶을 뿐이다. 그들은 자신이 권력을 가지고 있음을 실감하기 위해서 여성들의 거부를 필요로 한다). 이렇게 거부하는 말이 남성의 권력감을 지켜주며, 그러한 권력 감을 깎아내리면 위험하다는 것을 잘 알고 있기 때문에, 여성들은 '싫다'고 하면서 더 안전하다고 느낄지도 모른다.

포르노그래피에서 자주 발견되곤 하는 적대적인 표현—
먹어, 이년아. 너 이런 거에 환장하지, 이년아—은 여성이 섹
스를 원해서는 안 된다는 생각을 명확히 표현한다. 만일 여
성이 섹스를 **정말로** 좋아한다면, 사람들은 그녀에게 경멸을
느낄 수 있다. 그러나 그런 비유는 또한 상황을 반대로 뒤집
어 취약성을 부인하고 대체하는 역할을 하기도 한다. 이는
남성들이 여성에게 욕망을 느낄 때 경험하는 취약성이다.
지배의 번듯한 정면에 깊은 틈을 내버리는 욕망의 감정을
응징하고, 남성 자신의 욕망이라는 골치 아픈 감정을 여성
에게 떠넘기고 싶어 하는 반응이다. *나는 원하지 않는다. 네
가 원하는 것이다.* 여기서 이성애자 남성은 자기 자신의 유
약함이나 자신의 욕망에 대한 취약성을 향한 공격성을 해결
해야 한다. 그리고 이것이 통제력 상실의 문제적 상징인 욕
망이 여성에 대한 승리, 여성에 대한 모욕, 여성에 대한 굴욕
으로 그토록 집요하게 재구성되는 이유일지도 모른다. 이것
은 지배와 권력으로 남성이 여성뿐 아니라 자기 자신을 처
벌하는 지배와 권력의 이상이다.

취약성의 부인은 남성에게 섹스가 쾌락에서 소외되는
영역이 되어버릴 위험이 있음을 의미한다. 즉 성공의 지평
이 끝없이 멀어지는 영역, 깊은 갈망이나 즐거움을 우울하
게 회피하는 것으로 가득 찬 영토가 되는 것이다. 픽업 아티
스트는 자신들이 촬영되고 있는지 모르는 여성과의 상호작
용(접근, 유혹, 심지어 섹스까지도)을 담은 교육 영상을 자주

활용한다. 이렇게 극악한 동의의 위반은 다른 남성에게, 여성에게, 그들 자신에게 여성을 통제하고 접근할 남성의 권리를 보여주고 잔인함과 굴욕을 가하는 그들의 능력을 과시하기 위해 활용된다. 그들은 '가치가 높다'고 여겨지는 여성을 응징하고자 하는 충동을 부추긴다. 이러한 남성들은 그들에게 굴욕감을 줄 위험이 있는—존재 자체가 남성에 대한 거절이기 때문에—여성들을 '획득'하는 데에서 만족감을 얻는다. 이 남성들에게 여성을 유혹하는 일은 쾌락보다는 복수심과 적대감, 즐거움보다 승리하고자 하는 욕구로 가득 차 있다. 이러한 세계에서 성공이란 공허할 뿐이다. 하나의 획득이 완수될 때마다 나약함과 굴욕의 유령이 다시 고개를 들기 때문이다. *당신은 그저 지난번의 정복만큼만 가치 있을 뿐이다.* 욕망이 결코 충족될 수 없음은 자명한 이치이지만, 이성애적 구애의 영역에서는 적대감도 마찬가지라고 할 수 있다.

남성이 거절을 감당할 수 있으면서도 강압적으로 행동하지 않고 욕망의 가변성을 존중할 수 있을까? "당신이 나와 ××를 했으면 좋겠어. 하지만 거절한다고 해도 괜찮아"라고 말할 수 있고, 진심으로 그렇게 느낄 수 있는 남성이 더 많아진다면 어떨까? 남성들이 따뜻한 초대를 건네고 거절당하더라도 받아들일 수 있다면 어떨까? 아니면 모든 것이 다 요청이라고 생각한다면? 남성들이 거절을 당하면 존재 자체가 무너진다고 느끼지 않게 도와줄 방법이 있을까? 오드리

로드가 말한 대로 "타인이 스스로를 긍정하거나 자기 존재를 내세우는 것이 내 존재에 대한 공격이 되는 어긋난 심리"를 어떻게 피할 수 있을까? 어떻게 해야 섹스가 덜 중요해지고, 그로 인해 더 많은 것을 얻을 수 있을까?

✖ ✖ ✖

비르지니 데팡트는 《킹콩걸》에서 성노동을 했던 자신의 경험에 대해 쓴다.

> "남성들의 연약함이 일을 어렵게 만들었다 … 일천한 내 경험에 따르면 손님들은 인간미, 연약함, 괴로움을 잔뜩 담고 있었다. 그리고 이후에도 주변을 맴돌며, 마치 깊은 후회처럼 내게 달라붙었다."

남성의 권력과 남성적 폭력은 신화가 아니지만, 이것은 신화적 사상에 의해 만들어지고 뒷받침된다. 지속되는 남녀 간의 사회적, 경제적 불평등으로 인해 남성들은 섹스를 너무나 쉽게 살 수 있다. 그러나 섹스를 사는 행위 속에서 남성들이 여성에 대한 자신의 혐오와 두려움을 마구 표현할 수 있다는 것은 부인할 수 없는 사실임에도, 남성들이 섹스를 사는 이유는 사실 권력만큼이나 취약성, 좌절, 슬픔, 외로움, 두려움과 깊이 관련되어 있다. 데팡트의 말은 남성들이 권력을 상실한다는 감각에 직면했을 때 권력을 되찾기 위해 어떤 행동을 하는지, 그리고 권력을 주장해야 할 필요성이 어떻게 정확히도 나약함의 끔찍한 유령을 밀어내려는 시도로부터 나타나는지에 대해 우리가 깊이 고려해봐야 한다고 제안한다. 권력에 대한 주장은 거의 언제나 광적인 부정이다.

어떤 경우에서든, 섹스에서 남성은 취약하지 않다는 생각은 터무니없다. 그들은 신체적으로든 정신적으로든 쉽게 상처받을 수 있다. 그들의 욕망과 쾌락은 끔찍할 정도로 가시적이며, 그것의 부재조차 가시적이다. 그들은 실패가 나타날 때에도 매우 명확한 지표로 드러난다. 바로 발기와 사정이다. 그리고 사람이라면 누구나 그렇듯 그들에게도 희망·소망·두려움·환상·수치가 있고, 이 모든 것에는 굴욕의 위험이 있다. 남성이 된다는 것은 엄청나게 노출된다는 것이다. 남성을 놀리거나 창피를 주기 위해 하는 말이 아니다. 오히려 나는 그들의 취약성을 환대하기 위해 말하고 있다.

취약성에 대한 부정과 여성성과의 비동일시는 주권성이라는 환상 속에서 더불어 만들어진다. 하지만 우리는 모두 타인에게 의존하고 있다. 우리를 낳아준 사람과 우리를 돌봐준 사람들, 우리를 지지해주고 먹이고 우리가 성장하고 생존하고 일하고 번영하게 해주는 사람들이 있다. 완전한 독립이란 허구다. 그리고 섹스를 할 때 우리는 모두 취약하다. 우리가 어떤 사람이든 우리는 취약한 조직, 장기, 감각, 그리고 복잡한 자아를 상대방에게 넘겨준다. 우리는 언제나 상처받을 수 있다. 이는 타인의 본질적 취약성에 무관심해지거나, 누구든 '강해져야' 하며 인생의 고락을 순순히 인정하고 나쁜 섹스를 체념적으로 받아들여야 한다는 주장이 아니다. 이는 취약성을 비방하려는 충동에 저항하라는 주장이다. 섹스는 위험한 모험이며, 취약성은 보살핌의 한 형태가 될 수 있다.

퀴어 이론가 리오 버사니는 1987년에 발표된 그의 기념비적 에세이 〈직장은 무덤인가?〉에서 섹스는 성별에 상관없이 우리 모두가 자신의 몸이 "자아 너머에 있는 세계를 통제하고 조작하는" 데 실패하는 경험을 하는 장소라고 썼다. 물론 우리가 강함의 쾌락을 찬양할 수 있지만, 그렇다고 해서 "무력함과 통제력 상실에 대한 동등하게 강력한 호소"를 부인해서는 안 된다. 버사니에게 남근 중심주의는 "여성에 대한 권력의 부인이 (분명히 존재함에도 불구하고) 주된 것"이 아니다. 그것은 "무엇보다도 여성과 남성이 모두 지니고 있는 무력함의 가치에 대한 부인"이다. 무력함은 실패가 아니다.

　버사니는 섹스를 "유일한 권력으로" 표현해서는 안 된다고 생각한다. 그가 옳다. 우리가 어떤 사람이든 우리의 몸이 무엇이며, 무슨 일을 하든 우리 모두는 섹스를 할 때 다른 사람의 손에 맡겨지고, 우리 모두는 근원적으로 고뇌이자 기쁨인 무력감을 경험하며, 우리 모두는 미숙하고 의존적이 된다. 욕망하는 것, 갈망하는 것은 취약해지는 것, 양분, 접촉, 상대방의 품에 안겨 인식되기를 간절히 염원하는 것이다. 버사니의 주장처럼, 성적인 것의 위험은 '자아를 상실'하는 위험이다. 차분하고 성숙한 자아의 분열 속에서 발견되는 엄청난 기쁨이자 힘이고 초월이 있다. 그리고 그러한 균열이 모든 곳에 존재한다는 것을 인식하는 일은 정치적으로 중요하다.

버사니는 "부드러움, 비공격성, 심지어 수동성의 가치"를 설파하려는 것이 아님을 신중하게 강조한다. 그는 성적인 삶의 특정한 **방식**을 옹호하기보다 오히려 "자아의 보다 근본적인 붕괴와 굴욕"의 가치를 강조한다. 마찬가지로 나도 남성이나 여성이 성적으로 취약한 입장을 취해야 한다고 주장하려는 것이 아니다. 나는 어떤 특정한 성적 행동도 규정하거나 지시하지 않는다. 나는 지배, 종속, 탑, 바텀, 박기 대 박히기fucking versus being fucked 등의 이름표에는 관심이 없다. 나는 특정한 성적 행동이 취약성이나 강함을 나타난다고 생각하지 않는다. 이는 그저 박는 것은 능동적, 박히는 것은 수동적이라는 도식을 받아들이는 것일 뿐이다. 마치 우리의 몸이 놓이는 위치가 우리의 심리적 상태와 우리의 취약성, 우리의 감정의 범주를 정해주기라도 하는 것처럼 말이다. 또 흡사 능동과 수동의 이분법이 강력한 남성적 속성과 무력한 여성적 속성 사이에 우열을 가리는 데 사용되지 않는 중립적 구분이라는 듯이 말이다. 오히려 나는 여기서 취약성의 심리적·사회적 수용, 즉 상처받을 수 있는 우리의 모든 능력과 우리 모두가 공유하고 있는 연약함의 수용에 대해 말하고 있다.

섹스에서 지배가 가지는 강력한 에로티시즘, 즉 어떤 성별에게든 지배의 위치가 가질 수 있는 성적 잠재력을 부정하려는 것 또한 결코 아니다. 내가 주장하려는 것은, 좋든 싫든 우리 모두에게 성적 쾌락 중 일부는—버사니의 표현을 빌리자면—그것이 지배를 산산이 부수는 방식, 그리고 나 자신과 상대방의 경계를 부수는 방식에서 나온다는 점이다. 그것을 인정하는 데에 중요한 윤리적 가치가 있을 수도 있다는 점이다. 아나트 픽이 《생명체의 시학》에서 물었듯, 우리가 "존재를 노출시키는 보편적인 양식의 하나로서 취약성을 지향하는" 데에서 파생되는 결과를 진지하게 받아들인다면 무슨 일이 일어날까?

쾌락과 섹스의 차원에서 우리가 진정한 혹은 완전한 힘을 가지고 있다는 환상을 포기하는 세상, 이것이 우리의 유토피아적 지평이 되어야 한다. 페미니스트 작가 린 시걸은, 물론 쉬운 일은 아니지만 섹스에서는 "위대한 이분법이 사라진다"고 썼다. 남성성과 여성성, 주는 자와 받는 자, 능동과 수동, 자아와 타자의 이분법이 사라지는 것이다.

사회학자 캐서린 월비는 섹스에는 "파괴의 상호 호혜성"이 있다고 말한다. 시인 비키 피버는 섹스를 다음과 같이 표현한다.

"우리가 공유하고 있는 음경, 반짝이는 기둥이 우리 사이로 미끄러져 나간다."

이 모두가 붕괴, 교환, 정체성의 혼란 및 혼합, 여성의 수용성과 남성의 활동성의 견고한 연관성이 약해지는 이미지다. 이러한 이미지는 어떤 의미에서 자유롭다. 이는 경직된 성 역할을 해체하여 우리가 보다 넓은 감각 및 감정의 범위를 모색하고, 자신을 위해 더 많이 요구하고 상대에게 더 많이 허용하며, 훨씬 더 개방적인 경험을 열어젖히는 언어를 사용할 수 있게 한다. 그리고 이렇게 지배의 이상을 포기하면서, 우리 **모두**가 훨씬 더 큰 쾌락을 발견할 수 있다.

�֍   �֍   ✖

성교육 전문가 크리스티나 테소로는 여성은 '싫다'고 말할 수 있는 능력과 동시에 기꺼이 '좋다'고 말할 수 있는 능력을 키워야 한다는 요구를 받지만, "글쎄. 그런데 있잖아, 잘 모르겠어" 혹은 "일단은 조금 더 오랫동안 만져줘. 나를 만지기만 해줘. 부드럽게 대해 줘. 천천히 해줘"라고 말하라고 가르치는 경우는 없다고 쓴다. 그로 인해 남성은 망설임을 그저 "넘어야 할 또 하나의 경계선, 그들이 길 찾는 법을 익혔던 자기만의 지도에 나타난 장애물"로 보는 문제가 발생한다고 테소로는 주장한다.

우리가 섹스에 대해 생각할 때, 다른 사람의 인격과 섹슈얼리티에 대한 우리의 반응성을 포기하는 것에 대해서는 생각하지 않는다. 섹스는 우리가 전적으로 결정하는 것이 아니다. 그 결정이 정적인 상태에 머무를 수는 없다. 섹스는 정적이지 않기 때문이다. 사회적 상호작용은 정적이지 않으며, 인간도 정적이지 않기 때문이다. 섹스는 한번 정해지면 영원히 지속되는 것이 아니다. 우리가 섹스의 어떤 모델을 선의 결정체로서 지지하거나, 한번 결정되면 합당한 비판과 분노 없이는 결코 재협상할 수 없는 약속의 실천으로 인정한다면, 그런 의견은 아무래도 동조하기 어렵다. 섹스는 대상이 아니다. 섹스는 주고받는 무언가가 아니다.

섹스는 상호작용이며, 단언하건대 사회적이며 대인적이다. 다른 사회 현상과 다른 점보다는 비슷한 점이 훨씬 더 많다. 섹스는 다른 사회 현상과 마찬가지로 하나의 과정이며, 발전이고 전개다. 섹스는 대화이며, 그렇기에 여느 대화와 마찬가지로 약속을 할 수도 있고, 그 약속을 포기할 수도 있으며, 실망시킬 수도 있다. 우리는 심연, 놀라운 일, 새로운 길을 마주칠 수 있을 뿐 아니라 추한 것, 심술궂거나 잔인한 것과 마주칠 수도 있고, 그래서 벗어나고 싶어질 수도 있다.

우리 중 누구도 여성의 욕망이나 욕망에 대한 주장에 충격을 받지 않는 세상을 만드는 것은 정말로 중요하다. 그러나 사람의 욕망을 쉽게 식별할 수 있는 대상, 쉽게 접근할 수 있고 가볍게 이끌어낼 수 있는 어떤 부분으로 생각해선 안 된다. 섹스는 무수한 질문, 표현, 탐구의 행위들로 이루어진다. 왜 반드시 우리가 무엇을 원하는지 알고 있어야 할까? 왜 남성들이 우리와 함께 탐색해나가기를 기대하면 안 되는 걸까? '좋다'와 '싫다'에만 집착하는 것은 우리가 이 바다를 항해하는 데에 도움이 되지 않는다. 그리고 이런 공간에서야 우리에게 강렬한 쾌락을 건네줄 수 있는 탐험의 과정이 펼쳐질 수 있다. 작가 도디 벨라미는 이를 "서로에 대한 상호적 욕구와 동등한 위험을 가진 두 사람" 간의 과정이라고 표현하기도 했다.

❊　　❊　　❊

엠마뉴엘 베른하임의 소설을 각색한 클레어 드니의 영화 〈금요일 밤 Vendredi Soir〉에서 로르는 혼자 살던 아파트에서 이사를 나간다. 우리는 그녀가 다음 날 아침 남자친구의 집으로 들어가기 위해 이삿짐을 싸는 모습을 본다. 입을 옷을 고르고 남길 것과 버릴 것을 나누느라 한참을 보낸 뒤, 로르는 친구들과의 저녁 약속에 가기 위해 차에 오른다. 그날은 끔찍한 밤이었다. 폭우가 쏟아지는 데다 운송 파업으로 도로가 꽉 막혀 있었다. 록 밴드 틴더스틱스가 연주하는 강렬한 리듬의 사운드트랙이 흘러나오는 가운데, 로르는 차에 앉아 손가락으로 핸들을 두들기면서 라디오에서 나오는 노래를 흥얼거리며 다른 차들을 들여다본다. 다른 운전자들의 얼굴도 정면을 노려보고 있다. 그들의 계획과 움직임도 다같이 멈췄고, 다들 그 좁은 세계 속에 갇혔다. 홍수 속에서 길을 걷고 있는 행인들을 태워주자고 운전자들에게 권유하는 라디오 광고에 용기를 얻어, 로르는 때마침 창문을 두드린 한 남성인 장을 차에 태운다. 두 사람은 말없이 앉아 있을 뿐이지만, 그 사이에는 무언의 에로티시즘이 존재한다. 로르는 끔찍한 교통 정체를 핑계 삼아 친구들과의 저녁 약속을 취소한다. 로르와 장은 거의 말이 없다. 그들은 호텔을 발견하고, 섹스를 한다.

그 후에 그들은 식당에 가서 거의 대화를 나누지 않지만 오붓하게 식사를 한다. 근처에 앉은 커플이 말다툼을 하면서 그들의 주의를 끈다. 얼마 지나지 않아 젊은 여성이 자리에서 벌떡 일어나 아래층 화장실로 향한다. 장이 그녀의 뒤를 따른다. 그리고 우리는(아니면 로르일까?) 장이 그 젊은 여성과 섹스를 하는 장면을 목격한다. 거친 화질의 스톱모션 기법은 이 장면에 흔들리는 듯한 모호함을 부여한다.

우리는 이 장면이 실제로 벌어지고 있는 일인지 확신할 수 없다. 그것은 로르의 두려움이나 환상이었을까? 아니면 우리의 것이었을까? 로르는 경계를 위반했다. 그녀는 낯선 사람과 무언無言의 육체적 쾌락을 추구했다. 이것이 우리와 로르가 두려워했어야 하는 장면, 즉 순수한 쾌락을 추구한 여성이 받게 마련인 처벌과 굴욕일까? 아니면 이렇게 자신만 순수한 성적 만남을 가졌을 뿐 아니라, 이 남자도 자신을 남겨두고 또 다른 여자를 따라 고전적이고도 지저분한 배경인 화장실로 향할 수 있다는 가능성이 그녀에게는 더욱 에로틱한 것일까?

로르는 낯선 사람을 유혹할 의도를 가지고 외출을 한 것 같지는 않다. 이 남성에 대한, 혹은 익명적 섹스에 대한 그녀의 욕망은 언젠가 끄집어내지기를 기다리며 그녀 안에 도사리고 있던 것이 아니다. 그것은 혼자 사는 생활이 끝나고 커플로서 더욱 밀착된 삶으로 이행하는 날 밤, 정체된 파리의 혼란스러운 분위기 속에서 일상적인 시간이 정지하는 에로틱하고도 취약한 가능성과 그로 인해 규칙조차 정지해버릴 가능성이 만들어내는 틈새의 순간에 그저 나타난다. 마지막 장면에서 로르는 요란하게 웃으며 호텔에서 도망친다. 자신의 행동에 본인도 놀랐지만, 그러한 놀라움에 기뻐하는 것처럼 보인다. 그녀는 자신의 욕망, 자신의 쾌락에 스스로 당황한 적이 있었을까?

때때로 성적 욕망은 우리를 놀라게 할 수 있다. 성적 욕망은 서서히 고조되다 감당하기 어려워지면서 우리의 계획을 혼란에 빠뜨리고, 더불어 자기 자신에 대한 우리의 믿음도 뒤흔들어 버린다. 그러나 이 어지러움은 우리가 그것에 취약할 때에만 가능하다. 누가 물어본다면, 우리는 내가 원하는 것은 무뚝뚝한 행인과 호텔에서 섹스를 하는 것이라고 말하지 않을지도 모른다. 그것을 원한다고 답하든, 원하지 않는다고 답하든 정확하지 않다. 욕망은 항상 알 수 있는 상태로 존재하지 않는다. 취약성은 그러한 욕망을 발견할 수 있게 만들어주는 상태다.

※　　※　　※

성적 욕망이나 우리 자신을 알 수 없다고 주장하는 것은 위험하게 느껴질 수 있다. 그렇게 주장하면 우리는 강압과 흐릿하게 경계를 공유하고 있는 설득에 노출될지도 모른다. 자신이 무엇을 원하는지 확신하지 않는 상태는 정확하게도 일부 남성들이 자신감과 면책 의식을 가지고 사용하는 강압적 전략에 힘을 실어줄 수 있다. 여성들은 자신이 무엇을 원하지 모른다 해도, 남성들은 알고 있고 그렇게 하도록 여성을 설득한다. 그렇기에 남성의 폭력을 막기 위해 우리가 무엇을 원하는지 안다고 주장하는 것으로 도피하는 것도 이해할 수 있다.

그러나 우리는 흥분, 호기심, 개방적 태도 속에서 상대방과 마주칠 수 있어야 한다. 여성의 적극적인 욕망에 대한 강조는 미지의 것에 대한 부드럽고 복잡한 협상을 무마시킨다. 이것은 동의에 반대하는 이유가 아니다. 이것은 동의의 한계에 의문을 제기하는 이유이며, 성윤리의 부담을—이를테면 대화, 상호적 탐구, 호기심, 불확실성 등 공교롭게도 전통적 남성성 안에서 낙인찍혀왔던 모든 것을 다 제치고—반드시 동의에 맡겨야 하는지 묻는 것이다.

관계성과 반응성은 우리가 인정하든 하지 않든 인간의 모든 상호작용의 특징이다. 반응성을 가치가 낮은 미덕으로, 관계성을 극복해야 할 약점으로 낙인찍어서는 안 된다.

욕망이 언제나 절박하거나 긴급하지는 않다. 쾌락이 언제나 자기주장을 뚜렷이 내세우지도 않는다. 그리고 타인도 우리에게 자기주장을 펼치며, 때때로 우리는 그 주장에 굴복하고 싶어지기도 할 것이다. 왜 굴복이라는 행위, **우리가 타인의 영향을 받을 수 있다는** 사실을 결함이라고 생각해야 하는가? 감정, 감각, 욕망은 우리 주변의 사람들이 실현하기 전까지는 조용히 잠들어 있을 수 있다. 우리는 이 역시 허용할 수 있어야 한다. 우리가 우리의 다공성과 유연성에 맞서 그렇게까지 열심히 싸워야 할 필요는 없다.

마지막으로 설명하자면, 우리가 섹스를 이해하는 방식은 '우리가 인간이 된다는 것은 무엇인가'를 이해하는 방식과 불가분의 관계에 있다. 우리는 우리가 유연하고 사회적인 동물이라는 사실을 부인할 수 없다. 우리는 받아들인 것을 끊임없이 소화하고 통합하고 재구성한다. 완전한 자율성과 완전한 자기 지식의 환상은 그저 환상일 뿐 아니라 악몽이기도 하다.

질리언 로즈는《사랑의 작업》에서 다음과 같이 썼다.

"어디에도 묶이지 않은 영혼은 경계가 완전히 굳어진 사람만큼 미쳐 있다."

우리가 할 일은 "경계의 주변에서 여전히 취약하고 상처입을 수 있는 상태를 유지하면서도 자신과 타인의 경계를 받아들이는” 것이다. 때때로 가장 깊은 쾌락은 누군가를 받아들이는 것이기도 하다.

※　　　※　　　※

히토 슈타이얼은 페이크 다큐멘터리 〈러블리 안드레아 Lovely Andrea〉에서 도쿄에서 학생으로 지내며 찍은 자신의 결박 사진을 찾아다닌 기록을 정리하여 보여준다. 한 장면에서 그녀와 사진작가는 여성의 이미지들을 보고 있다. 사진작가는 호기심과 당혹감이 담겼지만, 완고하지는 않은 어조로 말한다.

　“이 모델들은 묶여 있을 때 자유를 느낀다.”

　여성들은 폭력에 대한 취약성과 쾌락을 경험하기 위해 반드시 수행해야 하는 복잡한 거래에 대한 인식을 곤두세운 채 살고 있다. 그리고 성별과 상관없이 우리 모두는 폭력, 경직성, 수치심으로 가득 찬 풍경 속에서 태어났다. 우리 각각은 그것에 반응하며 자신의 복잡하고 고유한 성애를 발전시킨다. 우리가 하는 일을 왜 하는지 어떻게 알며, 우리가 원하는 것을 왜 원하는지 어떻게 알겠는가?

　나는 섹스에서 잠시라도 권력을 빼놓을 수 있다거나, 우리가 불평등이 없는 축복 받은 영역에 들어갈 수 있다고 생각하지 않는다. 나는 동의가 우리의 모든 상호작용에서 작동하는 권력의 불균형을 기적적으로 대체한다고 생각하지 않는다. 푸코는 냉소적으로 말했다.

"내일의 섹스는 다시 좋아질 것이다."

그것은 이상이고, 그래서 그것은 망상이다. 남녀 사이에서, 우리 모두의 사이에서 권력 불균형에 대한 협상은 시시각각으로 발생한다. 성적이든 아니든, 협상 행위가 더 이상 필요하지 않은 영역은 없다. 섹스에서든, 그 외 다른 무엇에서든 우리가 무슨 일을 할 때마다 우리는 우리의 욕망과 상대의 욕망을 가늠하고, 우리가 원하는 것이 무엇인지 이해하고자 노력한다. 그러나 우리는 원하는 바를 찾아보고, 단순히 그 지식에 따라 행동하지 않는다. 우리가 무엇을 원하는지 모색하는 일은 일생의 과업이며, 계속해서 하고 또 해야 하는 일이다. 기쁨은 그 일이 결코 끝나지 않는다는 데에 있을지도 모른다.

감사의 말

이 책을 위해 헌신해 준 버소 출판사, 특히 제시 킨디그와 로지 워런, 레오 홀리스에게 감사드립니다. 제시는 더할 나위 없이 훌륭한 편집자이자 담당자였습니다. 와일리 에이전시의 알바 치글러-베일리와 세라 샬런트, 찰스 뷰캔이 지원해 준 모든 작업에 정말 감사드립니다.

이 책은 오랫동안 준비했습니다. 책장마다 많은 사람과 추억이 담겨 있습니다.

런던 대학교 버벡 칼리지 영문학, 연극 및 문예창작학과의 동료와 학생들, 이전에 일했던 런던 퀸 메리 대학교와 워윅 대학교의 동료들, 박사 후 과정을 지원해준 레버흄 재단과 웰컴 신탁, 몇 년 동안 유익한 피난처를 제공해준 대영 도서관과 웰컴 도서관의 직원분들과 글래드스톤 도서관의 모든 분, 제가 오래전에 박사학위를 취득했던 케임브리지 대학교의 과학사 및 과학철학 학과 이 모두에게 감사의 인사를 전하고 싶습니다.

박사 논문을 지도해준 고故 존 포레스터에게 정말 큰 신세를 졌습니다. 선생님이 아직 우리와 함께 계셨다면, 이 책을 꼭 그분께 드렸을 것입니다.

이 책과 씨름하는 오랫동안 친구들의 지원과 동료애가

저를 지탱해줬습니다. 이 주제와 글쓰기에 관해 여러 친구와 나눈 대화가 결정적인 도움을 주었습니다. 그들은 미치앤젤, 닉 블랙번, 샘 바이어스, 앨리 카, 크리스틴 클리포드, 해나 도슨, 진 해나 에델슈타인, 로렌 엘킨, 조지나 에번스, 샘 피셔, 엘리사 해러드, 샬럿 히긴스, 레베카 메이 존슨, 에이미 키, 조디 킴, 메리엄 코리히, 에릭 랭글리, 미리엄 레오나드, 패트릭 매키, 카예 미첼, 사샤 머드, 루이즈 오언, 데이지 패런티, 세라 페리, 리처드 포터, 캐시 로빈슨, 이사벨 쉴세르, 레베카 타마스, 조애너 월쉬, 레이철 워링턴, 티파니 왓-스미스, 케이트 쨈브레노입니다. TW는 언제나 근사한 지원의 원천이었습니다. 클레어 나카물리의 명복을 빕니다.

이 책의 초고와 몇 부분은 미치 앤젤, 샘 바이어스, 해나 도슨, 엘리사 해러드, 패트릭 매키, 매튜 스펄링이 검토했습니다. 매우 관대하면서 엄격한 피드백은 더할 나위 없이 소중했으며, 그들의 지원이 중요한 역할을 했습니다.

프란체스카 조이프에게 깊은 감사를 표합니다. 또한 로스와 데이비드 앤젤, 그리고 매튜 스펄링과 버디에게 감사와 사랑을 전합니다.

셀 수 없이 오랜 세월에 걸쳐 나눠온 앨리 카, 캐시 로빈슨, 사샤 머드, 미치 앤젤과의 대화가 저와 이 책의 근본을 만들었습니다. 사랑을 담아 이 책을 그들에게 바칩니다.

옮긴이의 말

캐서린 앤젤의 《내일의 섹스는 다시 좋아질 것이다》는 뜨거운 #MeToo 운동을 통해 형성된 이른바 '동의 문화'의 한중간에서 이성애자 여성에게 섹스와 섹슈얼리티는 어떤 가능성을 가지게 되었는가를 세심하고 집요하게 탐구한 책이다.

저자는 케임브리지 대학교의 과학사 및 과학철학 학과에서 박사 논문을 쓰는 동안 성 과학 분야를 역사적으로 검토하며 성 과학 연구가 인간의 섹스와 섹슈얼리티를 어떤 식으로 구성해왔는지 분석해 온 학자다. 뿐만 아니라 자신의 경험을 대상으로 여성의 섹슈얼리티와 욕망을 탐구한 저서 《습득되지 않은Unmastered》을 2012년 발표하여 큰 반향을 일으키기도 했다. 이렇게 학술 담론과 개인적 경험을 넘나들며 여성의 욕망과 섹슈얼리티를 탐구해 온 앤젤이 이번 책 《내일의 섹스는 다시 좋아질 것이다》에서는 성 담론의 역사뿐 아니라, 당대의 중요한 사회적 사건과 다양한 대중문화 작품, 언론과 출판을 통한 논쟁 등을 폭넓게 검토하며 #MeToo 운동이라는 반성폭력 운동이 한창인 2010년대 이후 여성들의 욕망, 쾌락, 섹슈얼리티에 대해 탐구했다.

총 4장으로 이루어진 이 책은 각 장마다 동의, 욕망, 흥분, 취약성이라는 키워드를 중심으로 섹슈얼리티를 탐구한다. 각 키워드는 우리가 익히 알고 있거나 겪고 있는 딜레마로 가득하다. 가령 남성들이 가하는 '원하지 않는 성적 행동'을 제지하기 위한 핵심 키워드인 '동의'는 분명, 오직 남성의 욕망을 위해 여성을 대상화할 뿐이었던 섹스의 질서에 맞서 여성의 주체성을 찾기 위한 오랜 운동의 결실이다.

그러나 '동의'라는 주체적 판단은 여성에게 1) 자신이 원하는 것이 무엇인지 정확히 알고 판단해야 할 책임 2) 원하는 경우엔 동의, 그렇지 않은 경우에는 거부의 의사를 밝힐 책임 3) 의사가 반영되지 않았을 때에는 사적으로나 공적으로 문제 제기를 할 책임을 줄줄이 부과하며 안전한 섹스를 만들어야 한다는 부담을 전적으로 여성에게 지우는 상황을 야기한다. 게다가 이렇게 섹스에서 동의가 예민하고 중요한 문제가 될수록, 모든 관계에서와 마찬가지로 섹스에서도 생기게 마련인 소통상의 실수나 어긋남마저 모두 가해와 피해로 해석되면서 여성이 한없이 나약한 피해자를 자처하게 된다는 비판도 등장한다. 하지만 이러한 비판은 섹스에서 발생하는 '실수'가 대부분 남성이 자신의 성적 권력을 함부로 행사해서 발생하는 정치적 문제라는 점을 은폐하고 그것을 언제나 있게 마련인 실수로 자연화하는 결과로 이어진다. 결국 그 실수와 어긋남을 감내할 모든 책임이 또 여성에게 부과되는 것이다.

우리는 이러한 딜레마 속에서 한쪽 입장을 선택하거나, 이런 딜레마에서는 벗어날 도리가 없다며 견디는 데 익숙하다.

특히 여성들이 섹슈얼리티에 대해 첨예하게 논쟁하다 보면 의도와 달리 상대를 도덕적으로 비난하거나 서로에게 수치심을 입히는 상황에 빠지기 십상이기에, 자신의 입장을 필요한 만큼 밀고나가기 어려운 경우도 많다. 그러나 이 책에서 앤젤은 딜레마에 대처하는 한 가지 방법을 훌륭하게 보여준다. 쉽게 딜레마 상태에 머물거나 한쪽을 선택하지 않고 지금 우리가 겪고 있는 딜레마의 각 입장이 제시하는 가능성과 한계를 집요하게 살펴보는 것이다. 그리고 그렇게 파고든 결과 앤젤은 결코 융합될 수 없는 것처럼 보이던 각 입장 속에서 은연중에 당연한 것으로 가정하고 있던 공통의 전제를 발굴해 내어 그 전제를 다시 비판적으로 검토하며 생각을 진전시킨다.

1장에서 성폭력에 대한 문제의식이 어느 때보다 높은 이 시대에 좋은 섹스에 도달하기 위해서는 동의가 가장 중요하다고 여기는 입장과, 섹스의 모든 것을 성폭력의 맥락에서 해석하며 여성을 무력한 피해자로 몰아가는 이 시대에 좋은 섹스에 도달하기 위해서는 동의를 가장 중요한 규범으로 신봉해선 안 된다는 입장을 진진하게 살펴볼 때에만 해도 이 논쟁의 끝은 그저 막다른 길일 것만 같다. 하지만 앤젤은 두 입장 모두가 좋은 섹스를 성취하기 위해서는 '여성이 자신의 욕망을 정확히 알고 있어야 한다'는 명제를 당연한 근거로 삼고 있다는 점을 밝혀낸다. 그리고 정말로 여성, 나아가 인간이 자신의 욕망을 정확히 알 수 있는가, 좋은 섹스를 위해서는 반드시 자신의 욕망을 정확히 알아야 하는가를 질문한다. 이 욕망을 둘러싼 딜레마를 집요하게 탐구하는 내용이 2장을 구성하게 되는 것이다.

2장에서는 마스터스와 존슨의 연구로 대표되는 성 과학 실험을 중심으로 여성의 욕망이 무엇인지 밝혀내기 위한 노력을 살펴본다. 여성의 욕망에 대한 사회적 통념은 분분하지만, 우선 남성과 달리 여성의 성욕은 약하거나 미발달되어 있다는 의견과 여성의 성욕은 강하지만 무의식적으로 억압되거나 의식적으로 은폐되어 있다는 의견의 대립으로부터 출발할 수 있다. 보수적 사회윤리나 종교를 근거로 한 전자는 전통적으로 여성을 남성의 수동적인 성적 대상이자 가정의 조신한 어머니로 묶어두는 역할을 했다. 그렇기에 성 과학이 실험을 통해 찾아낸 여성의 강렬한 성욕은 억압적 관념에 의해 감추어져 있다가 어렵게 빛을 보게 된 객관적 진실의 지위를 차지하며 페미니스트들에게 열렬히 환영받기도 했다. 하지만 성 과학계 내부에서 여성의 욕망이 언제나 왕성해서 어떤 자극만 주어지면 반드시 성적 흥분과 섹스로 이어지는 형태가 아니라는 비판이 등장했다. 강렬한 욕망이 여성을 성적 주체로 만들어주기는커녕 오히려 여성의 의견을 무시하고 남성과 섹스를 해야만 하는 의무의 근거로 작동한다는 페미니즘의 비판도 대두했다. 그리하여 남성과 달리 여성의 욕망은 반응적이며 관계적이라는 의견이 제시되었다. 그러나 이는 다시 여성에겐 욕망이 거의 없다는 결론으로 흐르거나, 여성이 섹스를 원하지 않더라도 남성이 계속 시도하다보면 결국 반응을 보이게 된다는 일방적 섹스의 근거가 되었다.

좋은 섹스에 도달하기 위해 여성의 욕망을 밝히려 했지만, 어떤 식으로 접근한들 다시 여성을 성적으로 착취하는 길로 빠져버리는 듯한 이때쯤, 앤젤은 다시 이 논의들이 당연하게 여기고 있는 전제를 찾아낸다. 여성의 욕망이 오랜 세월 의심과 탐구의 대상이 되는 동안 남성의 욕망은 조금의 의심도 없이 본능적이고 강렬하며 언제나 당연하게 존재하는 것으로 여겨지고 있었다는 점이다. 앤젤은 모든 욕망은 반응적이며 관계적임에도, 남성의 욕망은 전혀 추궁되지 않으며, 당연히 왕성한 욕망을 가지고 있다는 것이야말로 남성성 그 자체를 구성한다는 점을 지적한다. 이렇게 욕망이 원초적으로 존재하기에 섹스의 국면에서 성적 흥분이 일어나는 것이 아니라 맥락과 관계에 따라 일어나는 흥분과 더불어 욕망이 형성되어가는 것이라면, 이제는 흥분이란 무엇인가를 살펴봐야 할 필요가 있고 이것이 3장의 키워드가 된다. 그리하여 3장에서는 여성의 말이나 생각, 감정은 믿어주지 않고 오직 성기의 흥분만을 욕망과 쾌락의 진정한 징표로 여기는 성 과학과 대중문화(놀랍게도 이 둘은 매우 긴밀하게 연결되어 있다)의 담론을 비판적으로 분석한다.

여성이 좋은 섹스를 하기 위해서는 성적 행위에 동의하거나 거부할 수 있는 주체성이 보장되어야 하며, 이런 성적 주체가 되기 위해서는 무엇보다도 여성이 먼저 자기 자신의 욕망을 정확히 알아야 한다는 #MeToo 시대의 성 담론에서 출발한 캐서린 앤젤의 섹슈얼리티 탐구는 마지막 장인 4장에 이르러 마침내 취약성에 도달한다. 섹슈얼리티란 더욱 강해지고 더욱 자신을 확실히 알고 더욱 견고한 주체가 되어야 구축할 수 있는 것이 아니다. 섹슈얼리티는 오히려 자신을 가장 취약한 상태로 노출시키고, 이미 알고 있던 자신과는 전혀 다른 새로운 면을 맞닥뜨리며 자아상을 한층 더 모호하게 만들어버리며, 자신과 타자의 경계를 지저분하게 흐트러뜨리는 것이다. 그렇기에 권력의 불평등을 없는 셈 친다고 좋은 섹스를 할 수 있는 것도 아니지만, 사전에 철저히 규칙을 세워둔다고 권력 불평등을 전부 막을 수 있는 것도 아니다. 섹스란 취약한 사람들이 돌발적 발견과 위험을 맞닥뜨리며 하는 것이고, 그동안 권력의 불균형은 시시때때로 찾아온다는 사실을 인정해야 한다고 앤젤은 주장한다. 그러면 매 순간마다 서로의 적극적이고 열정적인 동의를 확인하는 규칙에 얽매이지 않더라도, 섹스는 항상 자기 자신과 상대의 욕망을 이해하기 위해 노력하고, 원하는 바에 다가가기 위해 불평등한 권력 관계 속에서 계속 협상해나가야 하는 행위라는 점을 이해할 수 있다.

캐서린 앤젤은 풍부한 페미니즘 이론과 성 과학 담론을 바탕으로 섹슈얼리티에 대한 논의를 치밀하게 진행시켜 나가면서도, 하비 와인스타인, 브록 터너, 빌 코스비 사건 등 우리가 익히 알고 있는 성폭력 사건과 여성의 섹슈얼리티를 다루는 다양한 대중문화 콘텐츠를 예로 들며 오늘날 우리가 삶 속에서 매 순간 겪고 있는 고민을 함께 나눈다. 현재의 한국도 권력형 성폭력과 디지털 성폭력이 매우 심각하며, 이에 반대하는 운동도 활발히 이루어지고 있는 상황이다. 하지만 성폭력 문제로 인해 젠더 권력을 가진 남성 가해자와 권력이 없는 여성 피해자라는 단순한 구도나, 남녀의 섹스는 근본적으로 폭력적일 수밖에 없다는 회의적 입장을 고수하게 된다면, 오히려 복잡한 젠더 권력과 성적 관계 중에서 오직 이성애에만 초점을 맞추며 여성을 그 이성애 질서 안의 피해자로 고착시키는 함정에 빠질 수 있다.

하지만 《내일의 섹스는 다시 좋아질 것이다》에서 캐서린 앤젤이 보여주었듯, 섹스는 분명 젠더 권력에 의한 폭력에 취약한 영역이지만, 폭력만으로 한정할 수 없는 폭넓은 가능성을 가진 영역이기도 하다. 또 섹스는 원초적 욕망이나 신체적 흥분이 본질이라고 단언될 수 없으며 언제나 관계와 맥락 안에서 서로를 모색하고 협상하며 이루어지는 것이다. 이렇게 섹스를 끊임없이 탐구해야 할 과업으로 여길 때, 여성과 남성의 역할이나 가능성도 계속 변화할 수 있음을 잊지 말아야 한다.

2022년 여름

조고은

각주

1 동의에 대하여

p. 12, 2017년 4월에 진행한 한 인터뷰에서: 'The Adam and Dr. Drew Show', April 12, 2017, episode 558, adamanddrdrewshow.com.

p. 16, 럭비 강간 재판: Conor Gallagher, 'Belfast Rape Trial Told Messages Were "Nothing but a Titillating Sideshow"', *Irish Times*, 21 March 2018, irishtimes.com.

p. 20, 진실을 말하는 것은 페미니즘의 근본적이고 공리적인 가치다: Tanya Serisier, *Speaking Out: Feminism, Rape and Narrative Politics* (Palgrave, 2018)를 참조하라.

p. 21, 흑인 여성이 성폭력 범죄를 신고한 경우에는 백인 여성이 신고했을 때보다 신뢰를 받지 못할 가능성이 높다: Rebecca Epstein, Jamilia L. Blake, Thalia González, *Girlhood Interrupted: The Erasure of Black Girls' Childhood*, The Centre on Poverty and Inequality, Georgetown Law, law.georgetown.edu.

p. 21, 피해자가 백인인 강간 사건은 피해자가 흑인인 경우보다 더 무거운 형량이 선고된다: Gary D. LaFree, 'The Effect of Sexual Stratification by Race on Official Reactions to Rape', *American Sociological Review*, 1980, 45, 842–54.

p. 22, 2018년 7월 〈뉴욕 타임스〉 기사에서는 "자신이 원하는 것과 당신의 파트너가 원하는 것을 파악하라"고 설득했다: Lisa Damour, 'Getting "Consent" for Sex Is Too Low a Bar', *New York Times*, 18 July 2018, nytimes.com.

p. 22, "대화를 해야 한다": BBC Radio 4, 'The New Age of Consent', September 2018, bbc.co.uk.

p. 22, 〈틴 보그〉에서 지지 잉글은 "양쪽 모두가 그 경험을 즐기기 위해서

는 열정적인 동의가 반드시 필요하다"고 했다: Gigi Engle, 'Anal Sex: Safety, How Tos, Tips, and More', *Teen Vogue*, 12 November 2019, teenvogue.com.

p.22, "단순히 성적 쾌락의 최저 기준일 뿐 아니라 거의 쾌락을 보장해주는 요건이다": Joseph J. Fischel, *Screw Consent: A Better Politics of Sexual Justice* (University of California Press, 2019), p.2.

p.23, "어느 쪽 파트너든 그저 수동적인 태도로 상대방이 어디까지 갈지 가만히 지켜봐서는 안 된다": Rachel Kramer Bussel, 'Beyond Yes or No: Consent as Sexual Process', in *Yes Means Yes! Visions of Female Power and a World Without Rape*, Jaclyn Friedman and Jessica Valenti (eds.) (Seal Press, 2008), p.46.

p.23, "내일이면 만나리 즐거운 성을": Michel Foucault, *The Will To Knowledge: The History of Sexuality, Volume One*, p.7, 이어지는 인용은 p.6 and p.153.

p.25, '거물을 건드리기': Julia Turner, '"I Feel So Close To You All": Harvey Weinstein's Accusers in Conversation for the First Time', *Slate*, 21 November 2017, slate.com.

p.25, "마치 폭발 버튼이라도 눌린 것 같았다": Tom Hays, Michael R. Sisak, Jennifer Peltz, '"If He Heard the Word 'No', It Was Like a Trigger for Him', Says Harvey Weinstein Rape Accuser', *CBC News*, 31 January 2020, cbc.ca.

p.28, "성적 경험이 없는 것이 제일 좋고, 최소한 고상한 수준이어야 한다": Helena Kennedy, *Eve Was Shamed: How British Justice is Failing Women* (Chatto & Windus), p.122-3.

p.28, "유죄 판결이 나올 가능성은 희박할 것이다": Kennedy, p.138.

p.29, "앞면에 레이스가 달린 끈팬티를 입고 있었어요": Marie O'Halloran, 'TD Holds Up Thong in Dáil in Protest at Cork Rape Trial Comments', *Irish Times*, 13 November 2018, irishtimes.com.

p.29, "더 세게 해줘"라고 말했다.: Sirin Kale, 'How an Athlete Used His Alleged Victim's Sexual History in His Rape Acquittal', *Vice*,

17 October 2016. 또한 다음을 참고하라. Helena Kennedy, *Eve Was Shamed*, p.139, and Clare McGlynn, 'Rape Trials and Sexual History Evidence: Reforming the Law on Third-Party Evidence', *The Journal of Criminal Law*, 2017, 81(5), 367-92.

p.30, 이는 수십 년 동안 여성 잡지와 섹스 안내서에서 여성들에게 성적 해방이라는 이름으로 탐구해야 한다고 강력히 장려되어 왔던 것: Meg-John Barker, Rosalind Gill, Laura Harvey, *Mediated Intimacy: Sex Advice in Media Culture* (Polity, 2018)를 참조하라.

p.30, 내가 일인칭으로 쓴 섹슈얼리티의 기쁨과 고통, 명과 암에 대한 책: Katherine Angel, *Unmastered: A Book on Desire, Most Difficult to Tell* (Allen Lane, Penguin, 2012) (Farrar, Straus and Giroux, 2013).

p.31, 롤라 올러페미가 '행복한 표정의 동의'라고 부른 것: Lola Olufemi, *Feminism, Interrupted: Disrupting Power* (London: Pluto Press, 2020), p.96.

p.31, 아프리카 여성을 '부끄러움이 없는' 존재로 정의: Tessa McWatt, *Shame On Me: An Anatomy of Race and Belonging* (London: Scribe, 2019), p.21-2를 참조하라.

p.32, 흑인 여성은 정숙하지 않아 법의 영역에 포함될 자격이 없다는 선입견: Emily Alyssa Owens, 'Fantasies of Consent: Black Women's Sexual Labor in 19th-Century New Orleans', PhD. Dissertation, Department of African and American Studies, Harvard, 2015를 참조하라. 또한 Emily A. Owens, 'Consent', *Differences: A Journal of Feminist Cultural Studies*, 2019, 30(1), 148-56도 참조하라.

p.32, 사람들은 흑인 여성보다 백인 여성을 가해한 혐의자를 유죄라고 생각할 가능성이 더 높다: Rebecca Epstein, Jamilia L. Blake, Thalia González, *Girlhood Interrupted: The Erasure of Black Girls' Childhood*, The Centre on Poverty and Inequality, Georgetown Law, available at law.georgetown.edu를 참조하라.

p.32, 에이드리언 마리 브라운이 질문하듯, 쾌락을 부정하지 않으면서도 정의를 추구하려면 어떻게 해야 할까?: adrienne maree brown, *Plea-*

sure Activism: The Politics of Feeling Good (AK Press, 2019)을 참조
하라.

p.33, 흑인 여성이 쾌락을 추구하는 자신의 모습을 부정하려는 경향: Joan
Morgan, 'Why We Get Off: Towards a Black Feminist Politics of
Pleasure', *The Black Scholar* 2015, 45(4), 36-46.

p.33, "우리가 결국 비욘세에게 기대하게 된 성애화": Kehinde Andrews,
'Beyoncé's "Bootylicious" Sexualisation of Black Women Isn't In-
spiring – and Her Politics Leave a Lot To Be Desired', *Independent*,
11 February 2016, independent.co.uk.

p.33, 여성의 몸, 그것의 쾌락, 권력, 고통은 인종차별적 과거와 현재 앞에
서 정체되거나 부재한 채로 남아 있어야 하는가?: 반흑인성과 포르노
그래피의 관계에 대한 논의는 다음을 참조하라. Jennifer C. Nash, *The
Black Body in Ecstasy: Reading Race, Reading Pornography* (Duke
University Press, 2014). 내쉬는 흑인 페미니즘과 반포르노그래피 페
미니즘의 역사적 동맹에 비판적이다. 오드리 로드, 패트리샤 힐 콜린
스, 앨리스 워커의 작업과는 대조적으로 내쉬, 아리안 크루즈, 미릴 밀
러 영과 같은 학자들은 포르노그래피의 즐거움보다 '상처'를 강조하
는 것이 초래하는 막다른 골목에 대해 비판하고, 포르노그래피의 지
형에 대해 흑인 여성들이 보다 자율적으로 협상해야 한다고 주장한
다. 다음의 논문도 참조하라. Ariane Cruz, *The Color of Kink: Black
Women, BDSM and Pornography* (New York University Press, 2016),
and Mireille Miller-Young, *A Taste for Brown Sugar: Black Women
in Pornography* (Duke University Press, 2014).

p.34, "좋은 감정의 반복은 억압적으로 느껴진다": Problems and Para-
doxes for Black Feminists', *Race, Ethnicity and Education*, 2009,
12(1), 41-52, p.46.

p.35, 로절린드 길과 샤니 오르가드가 명명한 '자신감 문화': Rosalind
Gill & Shani Orgad, 'The Confidence Cult(ure)', *Australian Feminist
Studies*, 2015, 30(86), 324-44.

p.37, 사라 아메드는 이렇게 자신감을 확대하고 강조하는zooming in 경향

은 젊은 여성들에게 암묵적으로 "자기 자신으로 향하는 길의 장애물은 자기 자신"이라는 생각을 심어준다고 설명한다.: Sara Ahmed, 'Losing Confidence', 1 March 2016, Feminist Killjoys blog, feminist-killjoys.com.

p.37, "자신감이 새로운 섹시함이라면, 확신 없음은 새로운 추함이다": Rosalind Gill & Shani Orgad, 'The Confidence Cult(ure)', *Australian Feminist Studies*, 2015, 30(86), 324-44, p.339.

p.39, 빌 코스비가 자신이 섹스하고 싶은 여성에게 줄 진정제를 구입했다고 인정했을 때: Holly Yan, Elliott C. McLaughlin, Dana Ford, 'Bill Cosby Admitted to Getting Quaaludes to Give to Women', *CNN.com*, 8 July 2015, edition.cnn.com.

p.40, 미투 산얄은 자신의 책《강간》에서…: Mithu Sanyal, *Rape: From Lucretia to #MeToo* (London: Verso, 2019), p.22.

p.41, "여성이 원하는 대로 섹스에 대해 싫다와 좋다를 말할 수 있는 보다 안전한 세상을 만드는 법을 모색하고 싶다": Jaclyn Friedman & Jessica Valenti, *Yes Means Yes! Visions of Female Sexual Power And A World Without Rape* (Seal Press, 2008), p.6.

p.41, 미국의 작은 교양 대학인 안티오크 대학의 성범죄 예방 정책: 안티오크 대학의 웹사이트http://antiochcollege.edu/campus-life/sexual-offense-prevention-policy-title-ix와, 다음의 두 글 Samantha Stark, 'I Kept Thinking of Antioch: Long before #MeToo, a Times Video Journalist Remembered a Form She Signed in 2004', *New York Times*, 8 April 2018, http://nytimes.com Bethany Saltman, 'We Started the Crusade for Affirmative Consent Way Back in the 90s', *The Cut*, 22 October 2014, http://thecut.com을 참조하라. 적극적 동의를 다루는 더 많은 (다양하고 대립적인) 논의로는 다음을 참조하라. Joseph J. Fischel, *Screw Consent: A Better Politics of Sexual Justice* (University of California Press, 2019); Peggy Orenstein, *Girls and Sex: Navigating the Complicated New Landscape* (Oneworld, 2016); Janet Halley, *Split Decisions: How and Why To Take a Break From*

Feminism (Princeton University Press, 2016); Jennifer C Nash, *'Peda-gogies of Desire', differences: A Journal of Feminist Cultural Studies* 2019, 30(1), 197-217; Janet Halley, 'The Move to Affirmative Consent', *Signs* 2016, 42(1), 257-79, Vanessa Grigoriadis, *Blurred Lines: Rethinking Sex, Power, and Consent on Campus* (Mariner Books, 2018); Emily A. Owens, 'Consent', *differences* 2019, 30(1), 148-56, p.154.

p.42, '키스마저 법으로 통제하려 한다'고 비판하며 안티오크 대학의 시각을 혹독하게 질타했다: 'Ask First at Antioch', *New York Times*, 11 October 1993, http://nytimes.com.

p.42, "우리는 강간의 즉흥성을 줄이려 하고 있습니다": Karen Hall, 'To the Editor: Antioch's Policy on Sex is Humanizing', *New York Times*, 20 October 1993, http://nytimes.com.

p.42, 학교에 입학하는 여학생들에게 '너의 제한선이 어디까지인지 분명히 소통하라', '남자친구의 아파트나 기숙사에 가기 전에 신중하게 생각하라'고 강조하는 불길한 경고: Katie Roiphe, *The Morning After: Sex, Fear, and Feminism* Little Brown 1993. 로이프가 여기서 제기한 인용구는 각각 다음에 실린 것이다. a pamphlet of the American College Health Association, and Carol Pritchard's *Avoiding Rape on and off Campus*, State College Publishing Company 1985; Roiphe, p.63-4. 이어지는 로이프에 대한 인용은 p.12 and p.44에 등장한다.

p.43, '친애하는 동료에게'라는 서한: Russlyn Ali, 'Dear Colleague Letter', *United States Department of Education*, 4 April 2011, http://ed.gov.

p.44, 일부 비평가들이 새로운 성 관료제라 명명한 제도: Jacob Gersen & Jeannie Suk, 'The Sex Bureaucracy', *California Law Review*, 2016, 104, 881-948. 또한 다음을 참조하라. Jennifer Doyle, *Campus Sex, Campus Security* (Semio- text(e), 2015).

p.44, "뒷문으로 은근슬쩍 가장 속박된 버전의 전통적인 여성성을 복원"하며, "공식적으로 승인된 히스테리와 집단 편집증"에 도달할 뿐이

다: Laura Kipnis, *Unwanted Advances* Verso, 2018, p. 1.

p. 45, "온실 속의 화초는 대학을 졸업하고 난 후 햇빛 아래에선 시들 것이다": Roiphe, op. cit. p. 109.

p. 45, "시든 꽃 상황": Kipnis, op. cit. p. 122.

p. 46, "성적 행위의 양가성이나 어색한 성적 경험을 해결하기 위해": Kipnis, op. cit. p. 17.

p. 46, "설령 나쁜 섹스라 해도(흔히 그렇지만) 여전히 교육적": Kipnis, op. cit. p. 13.

p. 47, "이 여성이 안사리 씨와 함께 보낸 밤을 설명하기에 적당한 단어가 있다. 그것은 '나쁜 섹스'다. 그런 섹스는 정말 짜증난다": Bari Weiss, 'Aziz Ansari is Guilty. Of Not Being a Mind-Reader', *New York Times*, 15 January 2018, nytimes. com.

p. 47, 학생들이 30초 혹은 15분의 나쁜 섹스도 '극복하지 못하는' 현실을 한탄한다: 'Teaching Consent (with Laura Kipnis), *Public Intellectual podcast* with Jessa Crispin, Series 1 Episode 1, September 25, 2019, jessacrispin. http://libsyn.com.

p. 48, "나는 똑같은 페미니스트들이 '좀 어른스럽게 굴어라. 원래 현실은 이런 거야'라고 말하는 것을 듣는다.": Meghan Daum, 'Team Older Feminist: Am I Allowed Nuanced Feelings about #MeToo?', *Guardian*, 16 October 2019, http://theguardian.com.

p. 49, "젊은이들이 아무도 그런 끔찍한 다음 날 아침을 겪지 않도록 보호해줄 수 있는" 정책, "사람들이 배움을 얻는" 순간을 겪지 않도록 보호해줄 정책은 결코 있을 수 없다: 'Ask First at Antioch', *New York Times*, 11 October 1993 http://nytimes.com.

p. 49, 남성과 여성의 성적 쾌락과 만족도에는 상당한 격차가 있음을 보여주고 있다. 여성은 성적 어려움, 고통, 불안으로 인해 남성에 비해 더 고통받는다. 여성은 가장 최근의 성교뿐 아니라, 평생에 걸쳐 만족도가 낮다고 보고된다. 섹스에서 90퍼센트의 남성이 오르가슴에 도달하는 반면에 여성은 50~70퍼센트가 도달한다: 다음을 참조하라. David A. Frederick et al, 'Differences in Orgasm Frequency among Gay, Lesbian, Bisexual, and Heterosexual Men and Women in a U.S. National Sample', *Archives of Sexual Behavior*, 2017, 47(1), 273-88; O. Kontula and A. Miettinen, 'Determinants of Female Sexual Orgasms', *Socioaffective Neuroscience and Psychology*, 2016, 6(1), 316-24; Juliet Richters et al., 'Sexual Practices at Last Heterosexual Encounter and Occurrence of Orgasm in a National Survey', *Journal of Sex Research*, 2006, 43(3), 217-26; 또한 다음을 참조하라. Katherine Rowland's *The Pleasure Gap: American Women and the Unfinished Sexual Revolution* (Seal Press, 2020).

영국을 다룬 자료로는 다음을 참조하라. K.R. Mitchell, C.H. Mercer, G.B. Ploubidis et al., 'Sexual Function in Britain: Findings from the Third National Survey of Sexual Attitudes and Lifestyles (Natsal-3)', *The Lancet*, 2013, 382(9907), 1817-29. 영국 성적 취향 및 라이프스타일 조사(NATSAL-3)의 연구에 따르면, 지난 1년 동안 3개월 이상 지속되는 성적 문제를 경험했는지 여부를 묻는 질문에, 영국 여성의 34퍼센트가 성에 대한 관심 부족, 16퍼센트가 오르가슴에 대한 어려움, 13퍼센트가 질 건조로 인한 불편함, 12퍼센트가 섹스에서의 즐거움 부족을 보고했다.

p.49, 질 성교 중에는 30퍼센트, 항문 성교 중에는 72퍼센트의 여성이 통증을 보고했다: D. Herbenick, V. Schick, S.A. Sanders, M. Reece, J. D. Fortenberry, 'Pain Experienced during Vaginal and Anal Intercourse with Other-Sex Partners: Findings from a Nationally Representative Probability Study in the United States', *Journal of Sexual Medicine*, 2015, 12(4), 1040-51.

p.49, '좋은 섹스'라고 할 때, 여성에게 그것은 대개 통증이 없었다는 뜻인 반면에 남성은 오르가슴에 도달했다는 뜻: Lili Loofbourow, 'The Female Price of Male Pleasure', *The Week*, 25 January 2018, http://theweek.com. 또한 다음을 참조하라. Sara I. McClelland, 'Intimate Justice: A Critical Analysis of Sexual Satisfaction', *Social and Personality Psychology Compass*, 2010, 4(9), 663-80.

p.49, 일생 동안 여성 5명 중 1명은 강간이나 강간 미수를 경험하며, 친밀한 관계의 파트너 중 3분의 1이 여성에게 신체적 폭력을 가한다: rainn.org에서 RAINN(강간, 학대 및 근친상간 전국 네트워크)를 참조하라. 미국은 nsvrc.org에서 전미가정폭력 반대연합(National Coalition Against Home Violence), 미국 성폭력자료원(National sexual violence Resource Center)을 참조하라. 영국 국립통계국(Office for National Statistics)에서도 자료를 확인할 수 있다. http://ons.gov. uk/peoplepopulationandcommunity/crimeandjustice/articles/ sexualoffencesinenglandandwales/yearendingmarch2017#which-groups-of-people-are-most-likely-to-be-victims-of-sexual-assault. 영국 통계청은 여성의 20퍼센트와 남성의 4퍼센트가 16세 이후 모종의 성폭력을 경험한 적이 있다고 밝힌다. 피해자 6명 중 약 5명(83퍼센트)은 경찰에 자신의 일을 신고하지 않았다(2017년 3월 영국/웨일스 범죄피해 조사와 경찰이 기록한 범죄를 근거로 함). 16세에서 59세 사이의 성인들 중 12.1퍼센트가 16세 이후 성폭행(시도 포함)을 경험한 것으로 추정된다. 성인 중 약 3.6퍼센트는 파트너나 가족에 의한 가정 내 성폭력(시도 포함)을 경험했다. 남성의 0.8퍼센트가 지난해에 성폭력을 경험한 것에 비해 여성은 3.1퍼센트가 지난해에 성폭력을 경험했다. 10세에서 24세 사이의 여성과 여성 청소년 특히 10~14세, 15~19세의 여성 청소년은 경찰에 기록된 성범죄의 희생자가 될 가능성이 불균형적으로 더 높았다. 장기적 질병이나 장애가 있는 여성은 그렇지 않은 여성보다 최근 12개월 동안 성폭행의 피해자가 될 가능성이 더 높았다(전자는 5.3퍼센트인 데 비해 후자는 2.7퍼센트였다). 여성이 강간이나 폭행(시도 포함)을 당한 사건의 대다수는 가해자가 파트너 또는 이전 파트너(45퍼센트)이거나 가족이나 파트너가 아닌 지인(38퍼센트)이었다. 범인이 낯선 사람(13퍼센트)이었다고 보고한 여성 피해자는 전체의 7분의 1이었다. 내무부 자료에 따르면 여성에 대한 강간 범죄의 3분의 1은 친밀한 파트너에 의해 일어난 것으로 추정되며, 영국/웨일스 범죄피해 조사는 여성에 대한 강간 또는 삽입에 의한 성폭력 중 거의 절반(45퍼센트)이 파트너 또는 전 파트너에 의해 일어났

다고 밝혔다. 강간이나 삽입에 의한 폭행이 가장 많이 발생하는 장소는 피해자의 집(39퍼센트)이나 가해자의 집(24퍼센트)이었다. 공원이나 기타 공개된 공공장소, 거리에서 폭행을 당한 희생자는 전체의 9퍼센트였다. 16세 이후 강간이나 삽입에 의한 폭행을 경험한 응답자 중 99퍼센트는 가해자가 남성이라고 답했다. 거의 3분의 1에 달하는 피해자들이 가장 최근의 폭행 경험에 대해 아무에게도 말하지 않았다. 피해자의 약 3분의 2가 폭행 후 정신적·정서적 고통을 겪었고, 그 결과 10명 중 1명이 자살을 시도했다.

p.50, 1학년을 마칠 때까지 6명 중 1명이 강간 혹은 강간 미수를 당하며, 이런 일이 심하게 술에 취하거나 무력해진 상태에서 벌어지는 경우도 많다고 한다: K. B. Carey, S. E. Durney, R. L. Shepardson, M. p. Carey, 'Incapacitated and Forcible Rape of College Women: Prevalence across the First Year', *Journal of Adolescent Health*, 2015, 56, 678-80.

p.50, "그들은 반쯤 벗은 채로 깨어났고 테일러 스위프트 노래를 들으며 맥주를 들이붓듯 마신 이후로는 아무것도 기억하지 못했다. 그들은 이 상황을 뭐라고 불러야할지 정확히 알 수 없었다": Vanessa Grigoriadis, *Blurred Lines: Rethinking Sex, Power, and Consent on Campus* (Mariner Books, 2018), p.38.

p.51, 젊은 남성들이 여성들을 '작살내고', '찢어발기고', '패대기쳤다'는 식으로 이야기한다: Peggy Orenstein, *Boys and Sex: Young Men on Hookups, Love, Porn, Consent, and Navigating the New Masculinity* (Harper Collins, 2020), p.28.

p.51, 이 대학은 2019년에 후속 조사를 홍보 담당자에게 맡겼다는 이유로 다시 비난받았다: Dulcie Lee & Larissa Kennelly, 'Inside the Warwick University rape chat scandal', BBC News, 28 May 2019, http://bbc.co.uk.

p.54, "본질적으로 서투르고 퇴행적"이며, "에로스적 섹스를 벗겨 없애는 것"처럼 보인다: Daphne Merkin, 'Publicly, We Say #MeToo. Privately, We Have Misgivings', *New York Times*, 5 January 2018, http://nytimes.com.

p. 55, 그들에게 제한선에 대한 협상은 그 작업에 내재된 위험을 관리하는 데 결정적인 역할을 한다: 가령 다음을 참조하라. Juno Mac and Molly Smith, *Revolting Prostitutes: The Fight for Sex Workers' Rights* (Verso, 2018); Lola Olufemi, *Feminism, Interrupted: Disrupting Power* (Pluto Press, 2020); Judith Levine and Erica R. Meiners, *The Feminist and the Sex Offender: Confronting Sexual Harm, Ending State Violence* (Verso, 2020).

p. 56, "상호작용을 이끌고 심화시키는 것은 남성이 해야 할 일이며, 여성이 할 일은 이에 대해 좋거나 싫다고 말하는 것": Alex Manley, 'Signs She's Interested in Having Sex with You', *AskMen.com*, 13 December 2019, askmen.com.

p. 56, 만일 결혼과 섹스가 여성에게 매력적이고 바람직한 경험으로 보였다면 '우리가 여성의 욕망이 아니라 동의에 대해서나 말하고 있지는 않았을 것': Ann Cahill, *Rethinking Rape* (Cornell University Press, 2001), p. 174. 여기서 카힐은 다음의 작업을 참조하여 인용한다. Carole Pateman, *The Sexual Contract* (Polity, 1988); *The Disorder of Women: Democracy, Feminism, and Political Theory* (Stanford University Press, 1989).

p. 57, "평등은 그저 존재한다"는 에밀리 A. 오웬스의 표현에서 드러나는 자유주의 판타지: Emily A. Owens, 'Consent', *differences* 2019, 30(1), 148–56, p. 154.

p. 58, "동의가 전희 속에 녹아들게 해야 한다. 파트너끼리 밀고 당기며 희롱하고 장난치고 함께 무슨 일을 할 것인지(그리고 하지 않을 것인지) 서로 확인하면서 동의가 성적 접촉의 필수적 부분이 되어야 한다": 이 표현은 다음에 인용되었다. Terry Goldsworthy, 'Yes Means Yes: Moving to a Different Model of Consent for Sexual Interactions', *The Conversation*, theconversation.com. 또한 무수한 미국 대학에서 벌어진 다양한 '동의는 섹시하다' 캠페인과 이에 대한 내쉬의 논의도 참조하라. Jennifer C. Nash, 'Pedagogies of Desire', *differences: A Journal of Feminist Cultural Studies*, 2019, 30(1), 197–217.

p.61, 제리 할리웰은 한 인터뷰에서, 마거릿 대처는 "우리 이데올로기의 개척자, 최초의 스파이스 걸스였다"고 말할 정도였다: Simon Sebag Montefiore, 'Interview with the Spice Girls', 14 December 1996, http://spectator.co.uk.

p.61, 포스트 페미니즘은 대체로 경제적인 면에서 페미니즘이 자신의 목표를 달성했으며, 따라서 섹슈얼리티에 관해 더 이상 예민하게 문제를 일으킬 필요가 없다고 보는 관점: Angela McRobbie, *The Aftermath of Feminism: Gender, Culture, and Social Change* (London: Sage, 2009)를 참조하라.

p.62, 페미니즘은 사라질 것이라는 조건 하에서 앞으로 나설 수 있었다": McRobbie, p.56.

p.65, 위험 연구자 레이첼 홀의 표현을 빌리자면 "근면한 두려움": Rachel Hall, "'It Can Happen to You': Rape Prevention in the Age of Risk Management', *Hypatia*, 2004, 19(3), 1-19, p.10.

p.67, "강간은 뚫을 수 없는 단단한 나무가 되고 싶게 만든다. 그것은 연하고 투과할 수 있고 부드러워야 하는 몸의 정반대 상태이다": Chanel Miller, *Know My Name* (London: Viking, 2019), p.263.

p.67, '혼자 베개에 대고 소리를 지르거나 도움이나 상담을 애원하지 않고는 남성을 통제하지' 못하는: Katie Roiphe, *The Morning After*, p.101.

p.67, "트라우마와 위기로 눈물짓는 마을": Ibid., p.56.

p.68, "내가 20대에 썼던 글들이 거짓말은 아니었다. 그것은 내 바람이었다": Katie Roiphe, *The Power Notebooks* (Free Press, 2020), p.134.

p.69, "여성들은 자신의 의도를 매우 분명히 밝혀야 합니다. 그리고 자신이 들어가기로 한 상황에 대비해야 합니다": New York Times Daily Podcast, 7 February 2020, nytimes.com.

p.69, "여성은 성관계를 원하거나, 원하지 않을 것이다": Nicholas J. Little, 'From No Means No to Only Yes Means Yes: The Rational Results of an Affir- mative Consent Standard in Rape Law', *Vanderbilt Law Review*, 2005, 58(4), 1321-64, p.1354.

2 욕망에 대하여

p.74, '반응적 섹슈얼리티', 즉 '낭만적이고 성적인 접촉이 일어나는 특정 순간'에 촉발되는 욕망을 경험하는 여성들도 많다: Alex Manley, 'How To Arouse A Woman', *AskMen.com*, 25 November 2019, askmen.com.

p.75, "반면에 여성은 직접적인 이미지나 말로는 쉽게 설득되지 않는다": Neil Strauss, *The Game: Undercover in the Secret Society of Pickup Artists* (Canongate, 2005), p.63.

p.75, 추정적인 진화의 역사는 실제로 어떤 특정한 성적 행동도 만들어 내거나 정당화하지 않는다: 다음을 참조하라. Rachel O'Neill, 'Feminist Encounters with Evolutionary Psychology', *Australian Feminist Studies*, 2015, 30(86), 345-50; Amanda Denes, 'Biology as Consent: Problematizing the Scientific Approach to Seducing Women's Bodies', *Women's Studies International Forum*, 2011, 34, 411-19.

p.76, "미스터리와 나는……이 세상을 더 안전한 곳으로 만들고 있다": Strauss, *The Game*, p.95.

p.77, "섹스는 그의 권리이자 우리의 책임이었다": Chanel Miller, *Know My Name*, p.90.

p.77, 그는 대스타입니다. 합의 없는 섹스를 할 필요가 없는 사람이에요": Edward Helmore, 'R Kelly: Judge sets $1m bail for singer on sexual abuse charges', *Guardian*, 23 February 2019, theguardian.com.

p.78, "성욕을 해소하지 못해 통제 불능의 폭력을 저지르기 직전에 이르기도 한다": Andrew Jackson Davis, *The Genesis and Ethics of Conjugal Love* (Colby & Rich 1874 [1881]), p.28.

p.79, "유독하고 빠르다": Emily Nagoski, *Come As You Are: The Surprising Science That Will Transform Your Sex Life* (Scribe, 2015), p.232.

p.80, 1966년에 출판된 그들의 저서 《인간의 성 반응》: William H. Masters and Virginia E. Johnson, *Human Sexual Response* (Bantam Books, 1966).

p.80, "가장 지울 수 없는 이미지, 여성이 기계라는 수단을 이용해서 자신

과 짝짓기하는 이미지": 다음에 인용되었다. *Thomas Maier, Masters of Sex: The Life and Times of William Masters and Virginia Johnson, The Couple who Taught America How to Love* (Basic Books, 2009), p.173.

p.82, 그들은 두 가지 수준에서 이러한 유사성을 강조했다. 첫 번째는 생리학의 수준이다: Masters and Johnson을 참조하라. 그리고 다음의 문헌도 참조할 수 있다. Paul Robinson, *The Modernization of Sex* (Harper & Row, 1976); Ruth Brecher and Edward M. Brecher (eds.), *An Analysis of 'Human Sexual Response'* (Deutsch, 1967); Ross Morrow, *Sex Research and Sex Therapy: A sociological Analysis of Masters and Johnson* (London: Routledge, 2008), Leonore Tiefer, *Sex is not a Natural Act and Other Essays* (Westview Press, 2004).

p.84, "남성의 성적 감정은 쉽고 빠르게 일어나며 빠르게 만족되지만, 여성의 욕망은 빠르게 생기지도 빠르게 만족되지도 않는다" Helena Wright, *The Sex Factor in Marriage* (London: Williams & Norgate, 1955 [1930]).

p.85, 아내는 "예민한 성욕의 잠재성"을 가지고 있으며, 남편은 이를 인내심과 온화함을 가지고 "기꺼이 자극하고 유지해야" 한다: M. Huhner, *The Diagnosis and Treatment of Sexual Disorders in the Male and Female, Including Sterility and Impotence* (Philadelphia: FA Davis, 1937).

p.85, 적절한 주의를 기울이지 않으면, 불감증과 색정증이라는 두 가지 잠재적 결과로 이어질 수 있었다: Katherine Angel, 'The History of "Female Sexual Dysfunction" as a Mental Disorder in the Twentieth Century', *Current Opinion in Psychiatry*, 2010, 23(6), 536–41; Hera Cook, *The Long Sexual Revolution: English Women, Sex and Contraception in England 1800–1975* (Oxford: Oxford University Press, 2004); Peter Cryle and Alison Moore, *Frigidity: An Intellectual History* (Palgrave, 2011); Peter Cryle, "'A Terrible Ordeal from Every Point of View: (Not) Managing Female Sexuality on the Wedding

Night', *Journal of the History of Sexuality*, 2009, 18(1), 44-64.

p.86, 이성애적이지도 동성애적이지도 않으며, 잠재적으로 이 모두가 동시에: Sigmund Freud, *Three Essays on the Theory of Sexuality* (1962, Standard Edition Volume 7, first published in 1905)를 참조하라.

p.86, "성적 정체성의 경계에": Jane Gerhard, *Desiring Revolution: Second-Wave Feminism and the Rewriting of American Sexual Thought, 1920 to 1982* (Columbia University Press, 2001), p.31.

p.86, 이들 신프로이트학파에게 클리토리스를 억압하고 질을 성숙시키는 것은 적절한 여성성의 기반이었다: Karl Abraham, 'Manifestations of the Female Castration Complex', in *Selected Papers on Psychoanalysis* (Hogarth, 1920), 335-69; Marie Bonaparte, *Female Sexuality* (Grove, 1953); Eduard Hitschmann and Edmund Bergler, *Frigidity in Women: Its Characteristics and Treatment* (Nervous and Mental Diseases Publications, 1936); Karen Horney, 'The Flight from Womanhood: The Masculinity Complex in Women as Viewed by Men and by Women', *International Journal of Psycho-analysis*, 7, 1926, 324-39.

p.87, 백인 페미니스트가 섹슈얼리티를 정체성의 가장 중요한 원천으로 보는 것에 내재되어 있는 특권을 인정하지 않았다: Frances M. Beal, 'Double Jeopardy: To be Black and Female', in Robin Morgan (ed.) *Sisterhood is Powerful* (Vintage, 1970), 383-96; Linda La Rue, 'The Black Movement and Women's Liberation', in Beverly Guy-Sheftall (ed.), *Words of Fire: An Anthology of African-American Feminist Thought* (Free Press, 1995). (실제 집필연도는 1971년이다)

p.87, 마스터스와 존슨의 연구에서 엄청난 해방적 잠재력을 본 앤 코트, 티-그레이스 앳킨슨과 같은 페미니스트: Anne Koedt, 'The Myth of the Vaginal Orgasm', in Anne Koedt and Shulamith Firestones (eds.), *Notes from the Second Year* (New York Radical Feminists, 1970). (초판은 1968년에 *Notes from the First Year*에 수록되어 출판되었으며, 개정판에서 증보되었다); Ti-Grace Atkinson, 'The Institution of Sexual Intercourse', in Koedt and Firestone, *Notes from the Second Year*.

p.88, 메일러는 "플라스틱 꼬챙이니 실험실 딜도니 바이브레이터니 하는 것들을 가지고 도처에서 즐기는 여성의 오르가슴의 풍요에 대한 분노!"를 새로이 느끼고 있음을 인정한다: Norman Mailer, *The Prisoner of Sex* (Weidenfeld & Nicholson, 1972 [1971]), p.76. 이어지는 메일러에 대한 인용은 p.198, p.76.에서 발췌했다.

p.89, 그녀는 자신의 몸을 즐길 여성의 '권리'가 이제는 의무가 되었다고 주장한다: Dana Densmore, 'Independence from the Sexual Revolution', *No More Fun and Games: A Journal of Female Liberation* (1971), 이 글은 Koedt, Levine and Rapone, *Radical Feminism*, 107-18, p.110에 재수록되었다.

p.90, "우리가 진정으로 추구하는 것은 친밀감, 동화, 그리고 아마도 자아에 대한 일종의 망각이다": Densmore, op. cit. p.114.

p.90, 정신장애편람 제3판은 성 반응 주기를 기반으로 성기능 장애를 분류: 다음을 참조하라. Katherine Angel, 'Contested Psychiatric Ontology and Feminist Critique: "Female Sexual Dysfunction" and the Diagnostic and Statistical Manual', *History of the Human Sciences*, 25(3), 2012, 3-24.

p.91, 무자비한 마케팅과 로비 전술로 무장한 제약 산업: David Healy, *The Creation of Psychopharmacology* (Harvard University Press, 2002)를 참조하라.

p.91, 심대한 회의주의의 분위기가 일어나고, 정신장애편람 및 약제 정신의학의 폐해를 다룬 책이 무수히 출판되었다: Peter Kramer, *Listening to Prozac* (Viking, 1997); David Healy, *The Anti-Depressant Era* (Harvard University Press, 1997); A. V. Horwitz and J. C. Wakefield, *The Loss of Sadness: How Psychiatry Transformed Normal Sorrow into Depressive Disorder* (Oxford University Press, 2007); S. A. Kirk and H. Kutchins, *The Selling of DSM: The Rhetoric of Science in Psychiatry* (NY: Walter de Gruyter, 1992); H. Hutchins and S. A. Kirk,

Making us Crazy: DSM - The Psychiatric Bible and the Creation of Mental Disorders (Constable, 1997); R. Moynihan and A. Cassels, *Selling Sickness: How the World's Biggest Pharmaceutical Companies Are Turning Us All into Patients* (Nation Books, 2005).

p.92, 비아그라 역시 이러한 논쟁 및 우려에 휘말렸다: 다음을 참조하라. J. Drew, 'The Myth of Female Sexual Dysfunction and Its Medicalization', *Sexualities, Evolution and Gender* 5, 2003, 89-96; J. R. Fishman, 'Manufac- turing Desire: The Commodification of Female Sexual Dysfunction', *Social Studies of Science*, 2004, 34, 187-218; H. Hartley, '"Big Pharma" in our Bedrooms: An Analysis of the Medicalisation of Women's Sexual Problems', *Advances in Gender Research: Gender Perspectives on Health and Medicine*, 2003, 7, 89-129; E. Kaschak and L. Tiefer (ed.), *A New View of Women's Sexual Problems* (Haworth Press, 2001); M. Loe, *The Rise of Viagra: How the Little Blue Pill Changed Sex in America* (New York University Press, 2004); R. Moynihan and B. Mintzes, *Sex, Lies, and Pharmaceuticals: How Drug Companies Plan to Profit from Female Sexual Dysfunction* (Greystone Press, 2010); A. Potts, 'The Essence of the Hard-on: Hegemonic Masculinity and the Cultural Construction of "Erectile Dysfunction"', *Men and Masculinities*, 2000, 3(1), 85-103. 또한 다음도 참조하라. E. Laan, R.H. van Lunsen, W Everaerd, A. Riley, E. Scott, M. Boolell, 'The Enhancement of Vaginal Vasocongestion by Sildenafil in Healthy Premenopausal Women', *J of Women's Health and Gender-Based Medicine* 11, 2002, 357-65.

p.93, 많은 보험회사가 보험 처리를 거부하면서: Weronika Chanska and Katarzyna Grunt-Mejer, 'The Unethical Use of Ethical Rhetoric: The Case of Flibanserin and Pharmacologisation of Female Sexual Desire', *J Medical Ethics*, 2016, 0: 1-4를 참조하라.

p.94, "무슨 일이 벌어지는지 알아내려면, 그 일을 겪고 있는 사람과 함께 일해야 한다": N. Lehrman, *Masters and Johnson Explained* (Playboy

Press 1970), p.170.

p.94, 2~4명 중 한 명의 여성, 혹은 여성의 3분의 1이 이러한 불만을 가지고 있으며 이는 여성이 남성에 비해 두 배나 높은 수치다: 다음을 참조하라. M. E. McCool et al., 'Prevalence of Female Sexual Dysfunction among Premenopausal Women: A Systematic Review and Meta-analysis of Observational Studies', *Sexual Medicine Reviews*, 2016, 4(3), 197–212; J.L. Shifren et al., 'Sexual Problems and Distress in United States Women: Prevalence and Correlates', *Obstetrics and Gynecology*, 2008, 112(5), 970–8; Lucia O'Sullivan et al., 'a Longitudinal Study of Problems in Sexual Function and Related Sexual Distress among Middle to Late Adolescents', *Journal of Adolescent Health*, 2016, 59(3), 318–24. 또한 다음도 참조하라. Katherine Rowland, *The Pleasure Gap: American Women and the Unfinished Sexual Revolution* (Seal Press, 2020).

p.95, "흡사 기계식 시계의 작동처럼": L. Tiefer, *Sex is Not a Natural Act and Other Essays*, chapter 4.

p.95, 욕망을 일으키는 맥락 속에서 발생하는 흥분: Nagoski, *Come As You Are*, chapters 6 and 7.

p.95, 폭넓은 분야의 연구자들이 이런 식으로 새로운 이해를 제안했다: 다음을 참조하라. Lori Brotto, 'The DSM Diagnostic Criteria for Hypoactive Sexual Desire in Women', *Archives of Sexual Behavior*, 2010, 221–39; Marta Meana, 'Elucidating Women's (Hetero)Sexual Desire: Definitional Challenges and Content Expansion', *Journal of Sex Research*, 2010, 47(2–3), 104–22; C. A. Graham, S. A. Sanders, R. Milhausen, & K. McBride, 'Turning on and Turning Off: A Focus Group Study of the Factors That Affect Women's Sexual Arousal', *Archives of Sexual Behavior*, 2004, 33, 527–38. 또한 다음도 참조하라. C. A. Graham, p. M. Boynton, K. Gould, 'Women's Sexual Desire: Challenging Narratives of "Dysfunction"', *European Psychologist*, 2017, 22(1), 27–38.

p. 96, 이 분야의 권위자인 로즈메리 바손: 다음을 참조하라. R. Basson, 'The Female Sexual Response: A Different Model', *Journal of Sex and Marital Therapy*, 2000, 26, 51-64; 'Rethinking Low Sexual Desire in Women', BJOG: *An International Journal of Obstetrics and Gynecology*, 2002, 109, 357-63.

p. 99, 바손의 연구에서 영감을 받은 치료 요법: Lori Brotto, *Better Sex Through Mindfulness: How Women Can Cultivate Desire* (Greystone Books, 2018).

p. 99, 성적 문제를 신체적이고 약리적으로 치료하겠다는 시도가 열광적으로 들끓던 시기: Rosemary Basson et al., 'Report of the International Consensus Development Conference on Female Sexual Dysfunction: Definitions and Classifications', *Journal of Urology*, 2000, 163, 888-93을 참조하라.

p. 100, 나타샤 월터: *Living Dolls: The Return of Sexism* (Virago, 2010), p.8.

p. 100, '성애화'된 문화: Ariel Levy, *Female Chauvinist Pigs: Women and the Rise of Raunch Culture* (Simon & Schuster, 2005).

p. 101, 이 맥락이 항상 여성의 즐거움에 도움이 되지는 않는다: Leonore Tiefer, *Sex is Not a Natural Act and Other Essays* (Westview Press, 2004)를 참조하라.

p. 103, 많은 사람의 주장처럼 이성애적 사랑의 노력: Thea Cacchioni, *Big Pharma, Women, and the Labour of Love* (University of Toronto Press, 2015).

p. 103, 무수한 섹스 지침서: Kristina Gupta and Thea Cacchioni, 'Sexual Improvement as if Your Health Depends on It: An Analysis of Contemporary Sex Manuals', *Feminism and Psychology*, 2013, 23(4), 442-58을 참조하라.

p. 104, 파트너에게 압력을 가할 수 있는 구실: Alyson K. Spurgas, 'Interest, Arousal, and Shifting Diagnoses of Female Sexual Dysfunction' 을 참조하라. 혹은 'How Women Learn about Desire', Studies in

Gender and Sexuality, 2013, 14(3), 187–205; Katherine Angel, 'Commentary on Spurgas's "Interest, Arousal, and Shifting Diagnoses of Female Sexual Dysfunction"', *Studies in Gender and Sexuality*, 2013, 14(3), 206-16을 참조하라.

p. 104, 반응적 욕구를 옹호하는 데 사용되는 언어는 매우 시사적이다: Rosemary Basson, 'Female Sexual Response: A Different Model', *Journal of Sex and Marital Therapy*, 2000, 26, 51-64, p. 51; Lori Brotto, *Better Sex Through Mindfulness: How Women can Cultivate Desire* (Greystone Books, 2018), pp. 97-8.

p. 106, 여성의 섹스를 설명: Cindy Meston and David Buss, *Why Women Have Sex: Understanding Sexual Motivation from Adventure to Revenge* (and Everything in Between) (Vintage, 2010).

p. 111, '20분 동안의 행동': Elle Hunt, '"20 Minutes of Action": Father Defends Stanford Student Son Convicted of Sexual Assault', *Guardian*, 6 June 2016, theguardian. com.

p. 113, "경계를 풀고, 다형적인 실험": Sophie Lewis, 'Collective Turn-Off', *Mal Journal*, 5, August 2020, maljournal.com.

3 흥분에 대하여

p. 116, "여성들은 섹스를 사랑한다. 심지어 우리보다 더": Rachel O'Neill, *Seduction: Men, Masculinity and Mediated Intimacy* (Polity, 2018), p. 98의 여러 곳.

p. 118, 가해를 당하는 도중에 생리적 흥분(윤활, 애액 분비)은 물론 오르가슴을 경험할 수 있고, 실제로 경험하기도 한다: Roy J Levin and Willy van Berlo, 'Sexual Arousal and Orgasm in Subjects Who Experience Forced or Non-Consensual Stimulation: A Review', *Journal of Clinical Forensic Medicine*, 2004, 11, 82-8을 참조하라. 또한 다음의 문헌도 참조하라. C. M. Meston, 'Sympathetic Activity and the Female Sexual Arousal', *American Journal of Cardiology*, 2000, 20, 82, 2A,

30-4; CA Ringrose 'Pelvic Reflexes in Rape Complainants', *Canadian Journal of Public Health* 1977, 68, 31; C. Struckman-Johnson and D. Struckman-Johnson, 'Men Pressured and Forced into Sexual Experience', *Archives of Sexual Behavior*, 1994, 23, 93-114.

p.118, 역사학자 조애너 버크에 따르면: Joanna Bourke, *Rape: A History from 1860 to the Present* (Virago, 2007).

p.119, "성기의 반응은 … 단순히 신체적 반응일 뿐이다": Nagoski, op. cit., and E. Laan and W. Everaerd, 'Determinants of Female Sexual Arousal: Psychophysiological Theory and Data', *Annual Review of Sex Research*, 1995, 6, 32-76을 참조하라.

p.119, 메러디스 치버스와 동료들의 연구: M. L. Chivers and J. M. Bailey, 'A Sex Difference in Features That Elicit Genital Response', *Biological Psychology*, 2005, 70, 115-20. 이 연구를 기반으로 이후의 연구들도 이루어졌다. 대표적으로는 M. L. Chivers, M. C. Seto, & R. Blanchard, 'Gender and Sexual Orientation Differences in Sexual Response to the Sexual Activities Versus the Gender of Actors in Sexual Films', *Journal of Personality and Social Psychology*, 2007, 93, 1108-21이 있다(레즈비언으로 정체화한 여성들은 영화에 등장하는 남성에 비해 여성에게 훨씬 더 큰 흥분 반응을 보였다. 그들의 반응은 보다 더 특정적이었다).

p.120, 그들의 몸의 반응은 그들이 느꼈다고 말한 것에 부합하지 않았다: 이 영역에 대해 더 많은 연구를 참조하려면 다음을 보라. K. D. Suschinsky, M. L. Lalumiere, M. L. Chivers 'Sex Differences in Patterns of Genital Sexual Arousal: Measurement Artifacts or True Phenomena?' *Archives of Sexual Behavior*, 2009, 38(4), 559-73; M. L. Chivers, M. C. Seto, M. L. Lalumiere, E. Laan, T. Grimbos. 'Agreement of Self-Reported and Genital Measures of Sexual Arousal in Men and Women: A Meta-Analysis', *Archives of Sexual Behavior*, 2010, 39(5), 5-56.

치버스의 연구는 엘렌 란의 연구를 기반으로 하고 있다. 가령 다음과 같다. E. Laan, W. Everaerd, 'Physiological Measures of Vaginal Vasocongestion,' *International Journal of Impotence Research*, 1998, 10:S107–S110; E. Laan, W. Everaerd, J. van der Velde, J. H., Geer, 'Determinants of Subjective Experience of Sexual Arousal in Women: Feedback from Genital Arousal and Erotic Stimulus Content', *Psychophysiology*, 1995, 32: 444–51; E. Laan & W. Everaerd, 'Determinants of Female Sexual Arousal: Psychophysiological Theory and Data', *Annual Review of Sex research* 1995, 6, 32–76; E. Laan, W. Everaerd, 'Physioloigcal Measures of Vaginal Vasocongestion', *International Journal of Impotence Research*, 1998, 10, S107–S110; E. Laan, W. Everaerd, J. van der Velde, J. H. Geer, 'Determinants of Subjective Experience of Sexual Arousal in Women: Feedback from Genital Arousal and Erotic Stimulus Content', *Psychophysiology* 1995, 32, 444–51. 다음의 연구도 참조하라. S. Both, W. Everaerd, E. Laan, E. Janssen, 'Desire Emerges from Excitement: A Psycho- physioloigcal Perspective on Sexual Motivation', in E. Janssen (ed.) *The Psychophysiology of Sex* (Indiana University Press, 2007), pp.327–39.

p.121, 웬즈데이 마틴의 저서 《거짓》: Wednesday Martin, *Untrue: Why Nearly Everything We Believe About Women, Lust, and Infidelity is Wrong and How the New Science Can Set Us Free* (Scribe, 2018), quotes p.44–5.

p.122, 섹스 코치 케네스 플레이도……동의한다: Alex Manley, 'the Orgasm Gap: What It Is and Why You Should Care about It', *Ask.Men*, 6 February 2020, uk.askmen.com.

p.122, "정신은 육체를 부인했다": Daniel Bergner, *What Do Women Want? Adventures in the Science of Female Desire* (Harper Collins, 2013) pp.13–14.

p.122, "남녀 모두에게 적용되는": Bergner, p.7.

p.122, 한 편집자는 "소스라치게" 겁을 먹었다: Bergner in interview with Tracy Clark-Flory, 'the Truth about Female Desire: It's Base, Animalistic and Ravenous', *Salon*, 2 June 2013, salon.com.

p.123, 여성들이 자기 자신과 자신의 리비도를 낯선 존재로 느끼게 만드는: Martin, *Untrue*, p.42.

p.124, "실제로 그들의 몸이 반응하게 만드는 것": Brooke Magnanti, *The Sex Myth*: *Why Everything We're Told Is Wrong* (Weidenfeld & Nicolson, 2012), p.11.

p.124, "신실함의 명확한 대리인": Alain de Botton, *How To Think More About Sex* (Macmillan, 2012) p.23.

p.126, 킨제이와 동료는 인간 집단의 비밀을 정량화하기 위해 수천 명(실제로는 1만 6,000명)의 피험자에게 엄청난 질문을 쏟아부었다: 다음을 참조하라. A. C. Kinsey, W. B. Pomeroy, C. E. Martin, *Sexual Behavior in the Human Male* (WB Saunders, 1948); Alfred C. Kinsey, Wardell B. Pomeroy, Clyde E. Martin, Paul H. Gebhard, *Sexual Behaviour in the Human Female* (WB Saunders, 1953). 다음도 함께 참조하라. Paul Robinson, *The Modernization of Sex* (New York: Harper & Row, 1976; Donna J. Drucker, *The Classification of Sex*: *Alfred Kinsey and the Organization of Knowledge* (University of Pittsburgh Press, 2014); Jonathan Gathorne-Hardy, *Alfred C. Kinsey*: *Sex The Measure of All Things* (Chatto & Windus, 1998).

p.130, 정량화는 객관성 및 중립성(과학 탐구에서 가장 존경받는 가치 중 두 가지)에 밀접하게 연관되어 있었다: Lorraine Daston and Peter Galison, *Objectivity* (Zone Books, 2007)를 참조하라.

p.132, 판타지를 활용하는 연구도 있지만, 일반적으로는 성적 행위에 관한 소리 묘사와 시각 이미지 혹은 영상을 활용한다: 이 영역의 측정의 복잡성에 대하여 유용한 설명을 얻고자 한다면 다음을 참조하라. M. L. Chivers and L. Brotto, 'Controversies of Women's Sexual Arousal and Desire', *European Psychologist*, 2017, 22(1), 5-26.

p.133, 특히 다양한 종류의 포르노그래피에 대한 여성의 반응을 관찰하는 연구에서는 여성들이 어떤 영상을 보는가에 따라 반응이 달라진다는 점이 드러났다: M. L. Chivers, M. C. Seto, M. L. Lalumière, E. Laan,

T. Grimbos 'Agreement of Self-Reported and Genital Measures of Sexual Arousal in Men and Women: A Meta-Analysis', *Archives of Sexual Behavior*, 2010, 39, 5-56을 참조하라. 또한 이 연구도 참조하라. M. L. Chivers & L. A. Brotto, 'Controversies of Women's Sexual Arousal and Desire', *European Psychologist*, 2017, 22(1), 5-26.

p.136, "진실하고 자연스럽다고 알려진 것은 밑바닥에 있다": Marilyn Strathern, 'The Tyranny of Transparency', *British Educational Research Journal*, 2000, 26(3), 309-21.

p.136, 성적 위협의 자극에도 반응한다: S. Both, W. Everaerd, E. Laan, 'Modulation of Spinal Reflexes by Aversive and Sexually Appetitive Stimuli', *Psychophysiology*, 2003, 40, 174-83을 참조하라.

p.138, 남성적 힘의 상실: A. Potts, V. Grace, N. Gavey, T. Vares, 'Viagra Stories: Challenging 'Erectile Dysfunction', *Social Science and Medicine*, 2004, 59(3), 489-99를 참조하라.

p.139, 원더우먼은……'강하고, 자유로우며 용감한 여성성'을 가르칠 영웅이었다: Jill Lepore, 'The Last Amazon', *New Yorker*, 15 September 2014를 참조하라. (이 다음의 인용도 이 글에서 발췌하였다); 또한 Lepore, *The Secret History of Wonder Woman* (A. A. Knopf, 2014)도 참조하라.

p.139, 현대의 거짓말 탐지기를 개발하는 데 중요한 역할을 했던 사람이 누구겠는가? 바로 윌리엄 마스턴이다: W. H. Marston, *The Lie Detector* (NY: Richard Smith, 1938); G. C. Bunn, 'The Lie Detector, Wonder Woman and Liberty: The Life and Work of William Moulton Marston', *History of the Human Sciences*, 1997, 10(1), 91-119.

p.139, 거짓말을 탐지하기 위한 초기 기술: D. Grubin, L. Madsen, 'Lie Detection and the Polygraph: A Historical Review', *The Journal of Forensic Psychiatry and Psychology*, 2005, 16(2), 357-69; K. Segrave, *Lie Detectors: a Social History* (McFarland and Co, 2004). 성적 규제를 위한 거짓말 탐지기의 사용에 대해서는 다음을 참조하라. A. S. Balmer, R. Sandland, 'Making Monsters: The Polygraph, the Plethysmograph, and Other Practices for the Performance of Abnormal Sexuality', *Journal of Law and Society*, 2012, 39(4), 593-615.

p. 140, "무오류라고 믿기에 무오류인 상태": Ian Leslie, *Born Liars: Why We Can't Live Without Deceit* (Quercus, 2011).

p. 142, "가시적인 것의 광란": Linda Williams, *Hard Core: Power, Pleasure, and the Frenzy of the Visible* (Pandora, 1990 [University of California Press, 1989]) p. 7.

4 취약성에 대하여

p. 152, 페미니스트 이론가 앤 스니토우: Sarah Leonard and Ann Snitow, 'The Kids Are Alright: A Legendary Feminist on Feminism's Future', *The Nation*, 18 October 2016, thenation.com.

p. 153, "여성 인구의 상당 부분이 끊임없이 두려움에 떨며 사는 것": Mithu Sanyal, *Rape: From Lucretia to #MeToo* (Verso, 2019), p. 34.

p. 153, 수잔나 무어의 1995년 소설《인 더 컷》: Susanna Moore, *In The Cut* (A. Knopf, 1995).

p. 158, "누군가와 가장 먼저 섹스에 대해 소통하는 법을 배워야 한다면 그 상대는 바로 당신이다": Jaclyn Friedman, *What You Really Really Want: The Smart Girl's Shame-Free Guide to Sex and Safety* (Seal Press, 2011), p. 188.

p. 159, "당신의 섹슈얼리티가 파트너의 섹슈얼리티와 완벽한 궁합을 이루며 맞아떨어지기를 기대하기 전에": Karen Gurney, *Mind The Gap: The Truth About Desire and how to Futureproof your Sex Life* (Headline, 2020), p. 64.

p. 160, 파트너의 쾌락과 만족을 자신의 것보다 훨씬 더 절실한 문제로 경험한다고 주장하는 연구: Peggy Orenstein, *Girls and Sex* (HarperCollins, 2017)를 참조하라.

p. 160, "정확히 자신의 어디를 만져줬으면 좋겠는지 알게 되었을 것": Gurney, p. 92.

p. 161, "자신들에게는 유리하지만 우리에게는 해가 되는 방식으로 다른 사람들이 제멋대로 우리를 정의하리라는 것은 자명하다": Audre Lorde, 'Scratching the Surface: Some Notes on Barriers to Women and Loving' (초판 발행은 1978년), in *Your Silence Will Not Protect You*, p. 13 (Silver Press, 2017).

p. 162, "자기 감정을 즐기는 법은 무엇일까?": Audre Lorde, 'Man Child: A Black Lesbian Feminist's Response' (초판 발행은 1979년), in *Your Silence Will Not Protect You* (Silver Press, 2017), p. 47.

p. 165, 동의에 대한 솔직하고 명시적이며 실용적인 접근: 다음을 참조하라. D. Langdridge, M. J. Barker, *Safe, Sane and Consensual: Contemporary Perspectives on Sadomasochism* (Palgrave, 2007); Kitty Stryker, *Ask: Building Consent Culture* (Thorntree Press, 2017).

p. 167, "우리가 가지고 있다고 추정되는 주권": Lauren Berlant, *Lee Edelman, Sex, or the Unbearable* (Duke University Press, 2013), 모든 인용구는 p. 8에서 발췌하였다.

p. 169, 정신분석가 제시카 벤저민의 표현대로: Jessica Benjamin, *The Bonds of Love: Psychoanalysis, Feminism, and the Problem of Domination* (Pantheon Books, 1988), p. 133.

p. 170, "그녀는 이전에 비해 더 비천하고": D. H. Lawrence, 'Pornography and Obscenity', (초판 발행은 1929년이고 다음의 선집에 다시 수록되었다) *The Cambridge Editions of the Works of D. H. Lawrence: Late Essays and Articles* (ed. James T. Boulton) (Cambridge University Press, 2004), p. 242.

p. 173, 남성들이 따뜻한 초대를 건네고 거절당하더라도 받아들일 수 있다면 어떨까?: Rebecca Kukla, 'That's What She Said: The Language of Sexual Negotiation', *Ethics*, 2018, 129, 70-97을 참조하라.

p. 174, "타인이 스스로를 긍정하거나 자기 존재를 내세우는 것이 내 존재에 대한 공격이 되는 어긋난 심리": Audre Lorde, 'Scratching the Surface', p. 19.

p. 174, 성노동을 했던 자신의 경험: Virginie Despentes, *King Kong Theo-*

ry, translated by Stéphanie Benson (Serpent's Tail, 2009), p.55.

p.176, 1987년에 발표된 그의 기념비적 에세이: Leo Bersani, 'Is the Rectum a Grave?' *October*, 1987, 43, 197-222, quotes pp.216-22.

p.178, "존재를 노출시키는 보편적인 양식의 하나로서 취약성을 지향하는": Anat Pick, *Creaturely Poetics: Animality and Vulnerability in Literature and Film* (Columbia University Press, 2011), p.5.

p.178, "위대한 이분법이 사라진다": Lynne Segal, 'Feminist Sexual Politics and the Heterosexual Predicament', in L. Segal (ed.) *New Sexual Agendas* (New York University Press, 1997), 77-89, 인용은 p.86이다.

p.178, "파괴의 상호 호혜성": Catherine Waldby, 'Destruction: Boundary Erotics and Refigurations of the Heterosexual Male Body', in Grosz and Probyn *Sexy Bodies: The Strange Carnalities of Feminism* (Routledge, 1995), 266-77, p.266.

p.179, "우리가 공유하고 있는 음경, 반짝이는 기둥이 우리 사이로 미끄러져 나간다": Vicki Feaver, 'Hemingway's Hat', *Scottish Review of Books*, October 28 2009, scottishreviewofbooks.org.

p.179, 말하라고 가르치는 경우는 없다: Christina Tesoro, '"Not So Bad": On Consent, Non-consent and Trauma', *The Toast* 9 November 2015, the-toast.net.

p.181, "서로에 대한 상호적 욕구와 동등한 위험을 가진 두 사람": Dodie Bellamy, 'My Mixed Marriage', *The Village Voice*, June 20, 2000, villagevoice.com.

p.185, "어디에도 묶이지 않은 영혼은 경계가 완전히 굳어진 사람만큼 미쳐 있다": Gillian Rose, *Love's Work: A Reckoning with Life* (Schocken Books, 1995), p.105.

내일의 섹스는 다시 좋아질 것이다

초판 1쇄 2022년 8월 3일

지은이 캐서린 앤젤
옮긴이 조고은

대표이사 겸 발행인 박장희
제작 총괄 이정아
편집장 조한별
책임 편집 우경진

디자인 서주성

발행처 중앙일보에스(주)
주소 (04513) 서울시 중구 서소문로100 (서소문동)
등록 2008년 1월 25일 제2014-000178호
문의 jbooks@joongang.co.kr
홈페이지 jbooks.joins.com
네이버포스트 post.naver.com/joongangbooks
인스타그램 @j__books

© 캐서린 앤젤, 2021

ISBN 978-89-278-6974-0 03330